KB106966

개정판

新 일본어학개설

윤상실 · 권승림 · 오미영

제이앤씨
Publishing Company

新일본어학개설 개정판

개정 초판인쇄 2021년 02월 01일
개정 초판발행 2021년 02월 20일

저   자 윤상실·권승림·오미영
발 행 처 제이앤씨
발 행 인 윤석현
등   록 제7-220호

우편주소 (132-702) 서울시 도봉구 우이천로 353
대표전화 (02)992－3253
전   송 (02)991－1285
전자우편 jncbook@hanmail.net

ⓒ 윤상실·권승림·오미영, 2021, Printed in KOREA.

ISBN 979-11-5917-166-6 13730   정가 14,000원

이 도서의 국립중앙도서관 출판예정도서목록(CIP)은
서지정보유통지원시스템 홈페이지(http://seoji.nl.go.kr)와
국가자료종합목록 구축시스템(http://kolis-net.nl.go.kr)에서 이용하실 수 있습니다.
(CIP제어번호 : CIP2020054461)

이 책은 2012년 간행한 〈新일본어학개설〉의 개정판입니다.

〈新일본어학개설〉의 초판 머리말에서 밝혔듯이 일본어를 언어학적 관점에서 체계적으로 파악할 수 있게 하되 그것을 가능한 알기 쉽게 기술하고자 한 책입니다. 일차적으로는 대학의 일어일문학과 〈일본어학의 이해〉와 같은 수업에서 전공교재로 사용될 수 있을 것으로 기대하였고, 나아가서는 의사소통을 위한 일본어 학습을 넘어 일본어를 세계 언어 중의 하나의 언어로서 보다 깊이 이해하고자 하는 분들에게 도움이 되고자 기획하였습니다.

그 사이 필자들이 속한 명지대학교와 숭실대학교 일어일문학과의 전공 수업을 비롯하여 몇몇 대학에서 이 책을 교재로 사용해주셨습니다. 미흡한 면이 적지 않은 책을 사용해주신 교수님들과 학생들께 이 자리를 빌려 감사의 말씀을 드립니다.

초판 간행 이후 10년 가까운 시간이 흘렀습니다. 일본어학에 대한 언어학적인 지식에 큰 변화가 있는 것은 아니지만 미흡했던 내용을 보완할 필요가 있고, 또 시대에 따른 변화를 반영해야 할 부분도 있다고 판단되어 개정판을 내게 되었습니다.

개정판에서 변화된 부분은 다음과 같습니다. 첫째, 〈제1장 제2절 언어학의 기본개념〉에서 언어 이해에 필요한 기초 개념들을 추가하고, 각각의 개념을 더욱 알기 쉽게 설명하고자 하였습니다. 둘째, 장 배치에 있어 〈제5장 어휘〉를 〈제4장 문법〉 앞으로 배치하여 개정판에서는 〈제4장 어휘〉와 〈제5장 문법〉으로 변경하였습니다. 언어 단위의 크기에 따른다면 어휘가 문법에 앞서는 것이 합당하다고 판단했기 때문입니다. 셋째, 〈제4장 어휘〉에서는 신어(新語)를 중심으로 현시대에 맞는 용례를 제시하고자 하였습니다. 마지막으로 전권에 걸쳐 설명이 미흡했던 것을 보완하였고 누락된 내용들도 꼼꼼히 보완하고자 노력하였습니다.

이상의 보완과 수정에도 불구하고 여러 선생님들과 독자 여러분들이 보시기에 부족한 점이 적지 않으리라 생각됩니다. 질책과 조언을 부탁드립니다. 저희들은 그것을 과제로 삼아 앞으로 나아가겠습니다.

2020년 가을
저자 일동

본서는 일본어가 어떠한 언어인지 언어학적 관점에서 체계적으로 파악할 수 있도록 알기 쉽게 설명하고자 한 개설서입니다. 일본어학에서 다루어져야 할 주요 사항을 선정해 자료와 용례를 들어 폭넓게 기술하였습니다. 따라서 본서가 대학교에서의 일본어 전공자뿐만 아니라 타 언어 전공자 또는 연구자들에게도 일본어학에 관한 유용한 지식과 참고자료를 제공할 수 있기를 기대합니다.

일본어의 학습 단계를 살펴보면, 기본 문형을 익히고 새로운 단어와 문법 사항을 익혀 나가며 일본어에 대한 지식을 점차 넓혀가게 됩니다만, 그 효율성을 높이기 위해서는 일본어의 구조를 정확하게 이해하고 보다 체계적인 접근이 필요하리라 생각합니다. 그 체계적인 접근을 위하여 본서에서는 다음과 같이 7장으로 구성하여 설명하고 있습니다.

1장 언어와 일본어　2장 음성·음운　3장 문자·표기
4장 문법　5장 어휘　6장 언어와 사회
7장 문체

　본서는 3인 공동 편저입니다. 먼저 전문영역별로 다음과 같이 분담하여 집필하였으며, 그 후 수차례 심도있는 논의 과정을 거쳐 완성하였습니다.

　1장, 4장(4-7절), 6장　: 권승림
　2장, 3장, 7장　　　 : 오미영
　4장(1-3절, 8절), 5장　: 윤상실(책임)

　본문의 한자는 편의상 모두 일본식 약자로 통일하여 표기하였으며, 본문 중에 나오는 중요 개념 또는 용어에는 경우에 따라서 ( ) 안에 한자를 병기하거나, [ ] 안에 일본어에서의 용어를 병기하였습니다.

　마지막으로 이 책의 출판을 맡아주신 제이앤씨 관계자분들과 교정을 도와주신 이지현 선생님(유한대)에게도 감사의 마음을 전하고 싶습니다.

2012년 2월
저자 일동

제1장
언어와 일본어

언어

언어(言語)는 인간과 인간 사이의 커뮤니케이션에 있어서 필수 불가결한 도구로, 사고(思考)나 감정을 표현하거나 의지를 전달하기 위하여 한 사회에서 공통적으로 사용되는 기호의 체계를 가리킨다.

언어는 인류의 출현과 함께 시작되었고 그런 만큼 유구한 역사를 가지고 있다. 언어 중에서도 음성언어(音声言語)가 상당기간 언어로서의 역할을 담당해왔다. 문자의 발명에 의하여 문자언어(文字言語)가 출현되었는데 이는 언어활동을 비약적으로 발전시킨 계기가 되었다.

언어학(言語学)에서는 음성언어를 문자언어보다 중시한다. 이는 언어가 기본적으로 음성언어로 출발했기 때문이다. 그러나 음성언어는 공간적·시간적 제약을 받지만 문자는 이러한 제약을 받지 않고 기록·보존을 가능케 하여 역사의 발전에 지대한 영향을 미쳤다. 이러한 점에서 문자언어의 중요성을 인정할 수 있다.

동물 사이에도 커뮤니케이션 활동이 존재하고 있음은 널리 알려져 있다. 그러나 동물의 커뮤니케이션 수단은 인간의 언어와는 비교할 수 없을 정도로 간단하여 생산성이라는 점에서 큰 차이가 있다.

언어학의
기본개념

제 2 절

1. 파롤과 랑그

파롤(parole)과 랑그(langue)는 구조주의 언어학의 창시자인 스위스의 언어학자 소쉬르(F. de Saussure 1857-1913)가 처음 사용한 용어이다. 음성은 개인에 따라 다른 소리로 실현되며 한 개인의 발음이라 하더라도 장소와 시간에 따라 달리 발음된다. 이와 같이 다양하게 실현되는 음성현상을 파롤이라 하고, 파롤의 근저에 있는 일정하고 유한하며 구분 가능한 단위로서의 음성을 랑그라 정의하였다. 이 중 언어 연구의 대상이 되는 것은 랑그이다.

2. 언어기호

소쉬르는 랑그란 '개념을 나타내는 기호의 체계'라고 정의하였다. 또한 언어기호는 '나타내는 것(signifiant 能記)'과 '나타내지는 것(signifié 所記)'으로 구성되어 있다고 하였다. '나타내는 것'은 기호표현, 언어기호, 언어표현, 음성표현이라고도 할 수 있다. '나타내지는 것'은 기호내용, 언어내용, 의미라고도 할 수 있다.

いぬ [inu]

나타내는 것 (signifiant 能記)	나타내지는 것 (signifié 所記)
기호표현	기호내용
언어기호	언어내용
언어표현	의미
음성표현	

3. 언어의 특징

언어기호는 자의성(恣意性)과 선조성(線条性), 그리고 사회성(社会性)이라는 특징이 있다. 또한 인간의 언어에는 이중분절(二重分節)이 있기 때문에 유한한 음성을 이용하여 무한한 문(文)을 생성할 수 있다.

1) 언어기호의 자의성

소쉬르는 언어기호의 근본적 성격으로서 자의성(恣意性 arbitrariness)을 들었다. 음성으로 나타내지는 언어기호와 그 기호가 가리키는 실체와의 관계는 필연적이 아닌 자의적(恣意的) 관계라는 것이다.

한국어 : 고양이 [koyaŋi]

영　어 : cat [kʰæt]

일본어 : ねこ [neko]

　각 기호가 나타내는 내용, 즉 의미는 동일하지만 언어에 따라 다른 음성으로 나타내진다. 이는 내용과 이에 대응하는 기호가 자의적 관계를 갖는다는 것을 의미한다. 언어기호는 그 언어를 사용하는 집단, 사회에서의 약속과 같은 것으로, 같은 내용을 각 사회마다 다른 기호로 나타내는 것은 언어기호의 자의성에 기인한다.

2) 언어기호의 선조성

　소쉬르는 언어기호의 근본적 성격 두 번째로 선조성(線条性 linearity)을 들었다. 개개의 단어가 문장에 사용될 때 일정한 순서로 나열됨을 말하는 것으로 시간적으로 한 음, 한 단어씩 발화되는 것을 말한다.

　선조적으로 이어지는 제요소의 결합을 연사(連辞 syntagme)라고 한다. 언어단위가 시간적으로 연이어 횡으로 결합하는 관계를 말한다.

　연사적 관계에 의한 제요소의 결합에서 각각의 요소는 보통 동일 그룹에 속하는 일정수의 다른 요소와 치환될 수 있다. 즉 선택이 가능한 것이다. 그러한 치환이 가능한 잠재적 관계에 있는 요소의 집합을 범렬(範列 paradigme)이라고 한다.

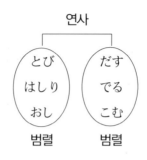

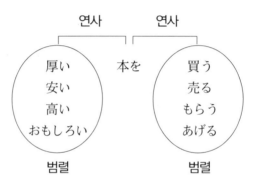

3) 언어기호의 사회성

의미와 기호는 자의적 관계를 갖고 있으나 그 언어를 사용하는 집단에서 통용되지 않으면 안 된다. 즉 개인이 어떠한 기호를 독자적으로 부여한다고 해서 그 집단에서 언어기호로 인정되는 것은 아니며 언어 변화는 구성원 간에 무언의 합의가 이루어짐으로써 변화해 가는 것이라 할 수 있다. 이와 같이 동일한 언어를 사용하는 집단에서 자의적인 기호가 통용되어야 하는 성질을 언어의 사회성(社會性 sociality)이라고 한다.

4) 언어의 이중분절

언어의 이중분절은 프랑스의 언어학자 마르티네(André Martinet 1908-1999)에 의해 지적되었다. 언어는 두 개의 레벨로 분절되는데 1차분절은 언어를 구성하는 표의적(表意的) 최소단위인 형태소(形態素)로 분해되는 것이고, 2차분절은 변별적인 최소 단위인 음소(音素)로 분해되는 것을 말한다.

さくらの木がある。
1차분절　[형태소]　⇒ さくら-の-木-が-ある
2차분절　[음　소]　⇒ s-a-k-u-r-a-n-o-k-i-g-a-a-r-u

언어가 이러한 두 가지 차원의 분절을 지님으로 인해 한정된 수의 음소가 조합되어 음절(音節)을 이루고 음절이 조합되어 의미를 갖는 단어가 되며 이를 조합하여 문(文)을 만들 수 있는 것이다. 이러한 조합은 무한대로 만들어질 수 있어 인간이 언어생활을 자유롭게 영위할 수 있는 것이다. 이중분절은 동물의 커뮤니케이션에서는 볼 수 없는 것으로 인간 언어의 근원적 특징이라고 할 수 있다.

일본어와
일본어학

1. 국어학과 일본어학

국어학(国語学)과 일본어학(日本語学)은 동일한 언어를 대상으로 하는 연구 분야이지만 출발이 다르다. 국어학은 전통적으로 일본어의 역사적 변천에 관한 연구, 즉 통시적(通時的) 연구가 중심이 되어 왔다. 야마다 요시오(山田孝雄 1873-1958), 마츠시타 다이사부로(松下大三郎 1878-1935), 하시모토 신키치(橋本進吉 1882-1945), 도키에다 모토키(時枝誠記 1900-1967)와 같은 국어학자가 독자적인 문법론을 전개하여 국문법을 분석해 왔다. 이밖에 방언 연구 및 악센트 연구도 활발히 진행되었다. 또한 고전문법의 틀을 제시함으로써 고문 해석의 수단을 제공하기도 하였다.

대조적으로 일본어학은 공시적(共時的) 연구가 중심이 되어 왔으며 현대일본어의 문법을 기술함으로써 일본어의 문법구조를 밝히고자 하는 연구에 집중되어 왔다. 특히 일본어가 일본어로서만 존재하는 것이 아니라 세계 여러 언어 중의 한 언어임을 인식하고 일반 언어학적 관점에서 일본어를 분석하고자 하는 것이다. 사쿠마 가나에 (佐久間鼎 1888-1970), 미카미 아키라(三上章 1903-1971)가 선구적으로 현대일본어 어법의 분석을 시도하였으며, 데라무라 히데오(寺村秀夫 1928-1990), 오쿠다 야스오(奧田靖雄 1919-2002) 등의 연구로 이어졌다.

일본어에 대해 이와 같은 객관적 시각을 갖게 됨으로써 다른 언어와의 대조연구의 틀이 마련되었다. 대조연구의 시작은 영어와의 대조 분석이 중심이 되었으나 근래에는 다양한 언어배경의 유학생에 의하여 일본어 연구가 활발히 진행되면서 일본 내의 대조연구의 양상도 변화되고 있으며 특히 한국어 및 중국어와의 대조연구가 활발히 진행되고 있다.

한편 일본어가 세계 속에서 그 위상을 높여감에 따라 일본어교육이 주목을 받고 있으며 이에 따라 교육방법에 관한 연구가 활발히 진행되고 있다. 일본어교육은 당초에는 재외 일본인의 일본어교육에서 시작되었으나 현재는 외국인을 위한 일본어교육이 그 비중을 더해가고 있는 실정이다.

2. 일본어학과 언어학

계통을 달리하는 여러 언어는 개별언어로서의 특이성(特異性)을 가지고 있으며 동시에 언어 보편적인 원리가 적용되고 있다는 언어 보편성(普遍性)을 기반으로 존재한다. 언어학은 언어를 객관적으로 분석, 기술하고자 하는 큰 흐름 속에 있으며 일본어도 예외가 될 수 없다. 일본어의 연구가 국어학에서 일본어학으로 명칭이 변화된 것 또한 보편적 언어이론에 입각한 객관적인 일본어 연구를 지향하고 있음을 시사하는 것이다.

3. 일본어의 공통어와 방언

공통어(共通語)란 같은 언어를 사용하는 나라 어디에서든 공통적으로 통용되는 언어를 말하는데 현대일본어에서는 동경어를 기반으로 한다. 이 공통어가 갖는 결점을 인위적으로 수정하여 규범적으로 사용하는 공용어(公用語)를 표준어(標準語)라 한다. 한국에서는 공용어를 표준어라 하지만 일본에서는 표준이라는 말 자체가 갖는 차별 의식을 피하여 공통어라 한다.

언어는 집단 안에서 통용되는 기호이므로 언어 집단이 달라지면 사용되는 언어도 달라진다. 일본 내에서도 지역을 달리하면 사용되는 말이 달라지는데 이를 방언(方言)이라 한다. 물리적 거리와 무관하게 정보를 공유할 수 있는 현대 사회와는 달리 예전에는 일본이라는 나라 안에서도 지역에 따라 사용되는 말이 차이를 보였다. 메이지(明治) 시대(1868-1912)에는 오키나와 방언을 류큐어(琉球語)라 하여 일본어와는 다른 언어로 인정하는 입장도 있었으나 현재는 오키나와 방언으로 취급하고 있다. 이와 같이 방언의 차이와 언어의 차이가 모호해지는 경계적 부분이 있으나, 일본어의 경우 일본 내에서는 공통 일본어라 일컬어지는 단일어가 사용되고 있다고 할 수 있으며 동시에 지역 간 방언의 차이는 여전히 존재하고 있다.

일본어의 방언은 다음과 같이 나이치(内地)방언과 류큐(琉球)방언으로 나뉜다.

〈전국 방언지도〉

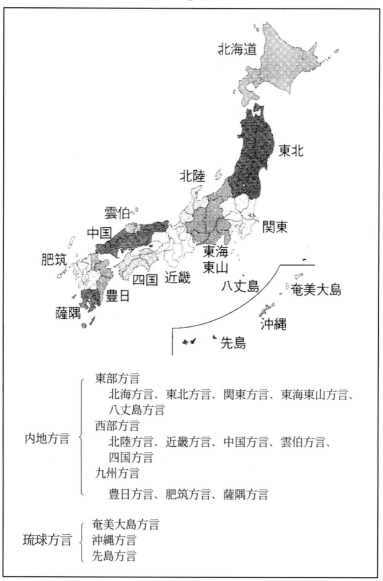

沖森卓也他(2006)『図解日本語』三省堂 p.134

일본어의
계통과
언어유형

제 4 절

1. 일본어의 계통

언어는 5,000종 혹은 6,000종이라는 설이 있는데 어떠한 언어가 있
는지 정확히는 파악되지 않고 있다. 복수의 언어가 발생적으로 동일
하다고 간주될 경우 동일한 어족(語族)에 속한다고 말한다. 세계 언어
의 주요 어족에는 인도·유럽어족, 우랄어족, 알타이어족, 햄어족, 셈
어족, 나이저콩고어족, 차이나·티벳어족, 오스트로네시아어족, 말라
이폴리네시아어족, 드라비다어족이 있다.

일본어와 같은 어족에 다른 언어가 속해있지 않고, 또한 다른 어떤
어족에도 속하지 않아 계통적(系統的)으로 고립된 언어이다. 지리적
으로 근접한 한국어와 일본어를 비교해보면 한국어도 일본어와 같이
교착어에 속하여 명사에 조사가 접속하거나 동사 뒤에 접속어가 붙
어서 문법적 의미를 나타낸다는 점에서 유사하다. 또한 어순도 거의
동일하다고 할 수 있다. 일본어와 한국어는 어순 이외에 경어법에서
도 유사성을 갖고 있기 때문에 같은 계통의 언어로 인정하는 학자도

있으나, 어휘의 차이가 크다는 점에서 단정할 수는 없다는 견해를 갖는 학자도 있다.

2. 언어유형

언어는 동일 어족에 속한다 하여도 언어적 특징이 다를 수 있으며 다른 어족에 속하는 언어끼리 공통적 특징을 지니기도 한다. 언어적 특징에 기반하여 설정된 언어 분류를 언어유형(言語類型 linguistic types)이라고 한다. 19세기 이후 세계 여러 언어의 유형에 관한 연구가 진전을 보였으며 일반적으로 고립어(孤立語), 교착어(膠着語), 굴절어(屈折語)로 나눈다. 19세기 당시에는 고립어에서 교착어로, 그리고 굴절어로 언어의 유형이 진화되는 것으로 인식되었다. 그러나 영어의 경우 굴절어적 특징을 강하게 갖고 있던 것이 현재에는 고립어에 가까운 유형으로 변화되었다. 이러한 사실을 근거로 언어 유형 진화에 관한 종래의 견해는 지지를 받지 못하고 있다.

1) 고립어

고립어(孤立語)는 명사나 동사 등이 문법적 의미를 나타내기 위해서 어형변화를 하지 않는 언어를 말한다. 주어나 목적어 등의 문법적 기능은 어순에 의해 나타내는 것이 원칙인데, 도구나 장소 등의 역할은 명사 앞에 특별한 형식의 단어를 두어서 나타내게 된다. 동사도 어형변화를 하지 않기 때문에 시제나 상(아스펙트) 등 동사 관련의 문법적 역할은 명사나 부사 등을 사용하여 나타낸다. 중국어와 베트남어가 여기에 속한다.

2) 교착어

교착어(膠着語)는 명사나 동사 뒤에 다른 단어를 접속하여 문법적 기능을 표시하는 언어를 가리킨다. 주어나 목적어, 또는 도구나 장소를 나타내기 위한 특별한 형식이 명사 뒤에 위치하고, 시제나 상 등의 문법적 역할을 나타내기 위한 말도 동사 뒤에 위치한다. 문법적 역할의 종류는 상당수 있으므로 이러한 기능을 하는 말을 명사나 동사 뒤에 나열해 가는 것이 교착어의 특징이라고 할 수 있다. 일본어나 한국어, 터키어, 핀란드어 등이 이 유형에 속한다.

3) 굴절어

굴절어(屈折語)는 명사나 동사가 어형변화를 함으로써 문법적 기능을 나타내는 언어를 가리킨다. 동일한 주어를 나타내는 경우라도 명사의 종류에 따라 전혀 다른 어형을 취하기도 하고, 같은 과거시제를 나타내기 위해서도 역시 동사의 종류에 따라 어형이 다른 것이 보통이다. 이러한 성질로 인하여 굴절어의 명사나 동사는 복잡한 어형변화를 하는 것이다. 고전 그리스어, 라틴어, 프랑스어, 아랍어 등이 이 유형에 속한다. 영어는 과거에는 굴절어로 취급하였으나, 굴절어적인 특징은 일부에서만 나타나고 있어 지금은 고립어적으로 보는 경향이 있다.

언어 연구의
분야

제 5절

1. 통시적 연구와 공시적 연구

언어사회에서 사용하는 언어에 대해 우리는 과거의 소산인 언어의 체계를 그대로 계승하고 있다고 생각하기 쉽다. 그러나 지식의 축적이나 사회의 발전에 따라 새로운 어휘나 표현이 생겨난다. 따라서 일정 시점에서의 언어 양상과 시간적 흐름에 따라 변화하는 언어의 실태는 차이가 있다.

소쉬르는 언어의 양상을 시간축에 따라 파악한 것을 통시태(通時態 diachrony)라고 하고, 특정 시점의 언어 상태를 공시태(共時態 synchrony)라고 하여 엄밀하게 구분하였다. 또한 언어의 변천을 역사적으로 고찰하는 것을 통시적(通時的) 연구라 하며, 한 시대, 한 지역의 언어에 한정하여 언어를 기술하는 경우 이를 공시적(共時的) 연구라고 한다.

2. 언어학의 분야

언어학에는 다음과 같은 연구 분야가 있다.

1) 음성학

음성학(音声学)은 물리적으로 존재하는 파롤(parole)로서의 음성인 언어음을 연구하는 학문이다. 음성학은 조음음성학, 음향음성학, 청각음성학으로 나눌 수 있다.

2) 음운론

음운론(音韻論)은 랑그(langue)로서의 음성, 즉 음소에 관하여 연구하는 학문 분야를 가리킨다. 보편적 음운론과 개별언어의 음운론으로 나뉜다.

3) 형태론

음소가 모여 의미를 지닌 어형이 만들어지고 단어가 만들어진다. 형태론(形態論)은 단어의 구조나 형태 그리고 단어의 조합 방법에 관하여 연구하는 학문 분야이며 품사와 활용도 형태론의 중요한 세부 분야이다.

4) 구문론

커뮤니케이션을 위해 전달되는 언어의 최소단위는 문(文)이다. 이 문은 단어가 아무런 규칙 없이 나열되어 있는 것이 아니고 일정한 순서에 의하여 연결된 선형적(線形的) 연속체이다. 구문론(構文論)이란 단어가 일정한 체계를 갖고 있는 문의 구조에 관하여 연구하는 학문 분야이며 통어론(統語論)이라고도 한다.

5) 의미론

의미론(意味論)은 언어의 의미를 연구하는 분야이다. 단어, 구(句), 문(文)의 의미와 그 의미의 본질을 밝히고 특정한 발화(発話)가 갖는 의미에 관해서도 연구한다. 어휘의미론과 형식의미론 등으로 나뉜다.

6) 어용론

문은 특정 상황과 관련을 맺으면서 발화되는데, 이 발화의 의미를 다루는 분야를 어용론(語用論)이라고 한다. 한국어에서는 화용론(話用論)이라고 한다. 대우표현과 인칭 등에 관한 토픽이 이 분야에서 다루어질 수 있다.

7) 응용언어학

이문화(異文化) 커뮤니케이션론, 언어습득론, 일본어교육 등의 실천적 분야의 연구, 즉 응용언어학(応用言語学)이 활발히 진행되고 있으며, 근래에는 언어자료를 데이터베이스화한 말뭉치를 연구 자료로 삼는 코퍼스(corpus)언어학도 활발히 진행되고 있다.

연 습 문 제

1. 다음 문장을 읽고 (   ) 안에 적당한 말을 넣으세요.

> 스위스의 언어학자 (   )는 언어기호는 '나타내는 것'과 '나타내지는 것'으로 구성되어 있다고 하였다. 전자는 (   ), 언어기호, 언어표현이라고 부르며 음성에 해당하고, 후자는 (   ), (   ), 의미라고 부른다.

2. 파롤과 랑그의 차이에 관하여 설명하세요.

3. 일본어가 속하는 언어 유형이 무엇인지 말하고 그 유형의 특징을 설명하세요.

4. 일본어 연구에 있어서 국어학에서 일본어학으로의 흐름의 변화가 무엇을 의미하는지 설명하세요.

5. 언어연구에 있어서 어떠한 분야가 통시적 연구와 공시적 연구에 적합한지 예를 들어 설명하세요.

참고문헌

泉均(1999)『やさしい日本語指導 9 言語学』国際日本語研修協会

庵功雄(2002)『新しい日本語学入門』スリーエーネットワーク

石綿敏雄他(1990)『対照言語学』桜楓社(오미영역(2004)『대조언어학』
　　　　　제이앤씨)

沖森卓也他(2006)『図解日本語』三省堂

沖森卓也編(2010)『日本語概説』朝倉書店

定延利之(1999)『よくわかる言語学』アルク

田中春美(1994)『入門ことばの科学』大修館書店

野田尚史(1991)『はじめての人の日本語文法』くろしお出版

日野資成(2009)『ベーシック 現代の日本語学』ひつじ書房

宮地裕(2010)『日本語と日本語教育のための日本語学入門』明治書院

山田敏弘(2004)『国語教師が知っておきたい日本語文法』くろしお出版

김선미(2003)『언어와 언어학이론』한국문화사

제2장
음성 · 음운

음성

1. 음성

인간이 사는 자연계에는 수없이 많은 소리가 존재한다. 바람소리, 빗소리와 같은 자연의 소리도 있고 새소리, 고양이 울음소리와 같은 동물이 내는 소리와 자동차 소리, 컴퓨터나 냉장고가 내는 기계음까지 우리 주위에는 대단히 다양한 소리가 존재한다. 사람이 내는 소리를 생각해보면 웃음소리, 울음소리와 같은 것도 있고 방귀 소리나 기지개를 켤 때 내는 소리 등도 있다. 이와 같이 인간이 내는 소리 중에서도 인간이 자신의 의지나 감정, 정보 등을 전달하기 위하여 음성기관(音声器官)을 사용하여 의식적으로 내는 소리를 음성(音声)이라고 한다.

재채기, 기침, 하품과 같은 것도 음성기관을 사용하여 내는 소리이지만 생리적 혹은 무의식적으로 내는 소리는 반사음(反射音)이라고 하고 이것은 음성에는 포함시키지 않는다. 그러나 뜨거운 것에 닿았

을 때 일본어 화자가 반사적으로 「あつっ!」이라고 외치는 경우가 있다. 이것은 일본어의 「あつい」라는 단어를 알지 못하면 낼 수 없는 소리이다. 따라서 이러한 말은 반사적이더라도 음성에 포함된다. 또 불만스러움의 표시로 혀를 찰 때 나는 소리는 의식적으로 내는 소리이므로 넓은 의미에서는 음성이라고 할 수도 있다. 그러나 이 소리들은 표정음(表情音)이라고 하여 음성과 구분하는 것이 보통이다.

음성을 대상으로 연구하는 학문분야를 음성학(音声学)이라고 한다. 음성학은 조음음성학(調音音声学), 음향음성학(音響音声学), 청각음성학(聴覚音声学)으로 나뉜다. 조음음성학은 어떻게 음성을 만들어 내는가에 대해, 음향음성학은 기본 주파수, 지속 시간과 같은 음성의 음향적 특징에 대해 연구하는 분야이다. 청각음성학은 음성에 대한 청각, 신경, 인지 등에 관해 연구하는 음성학 분야이다.

〈음성기관〉

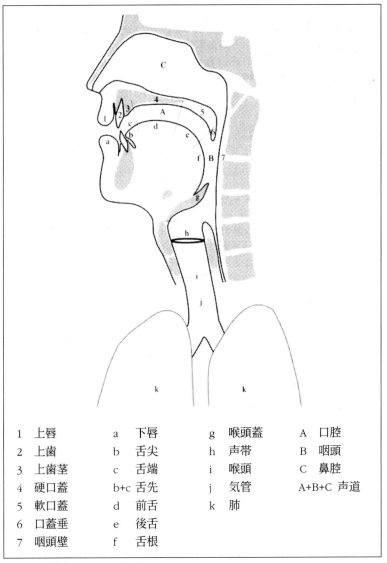

1	上唇	a	下唇	g	喉頭蓋	A	口腔
2	上歯	b	舌尖	h	声帯	B	咽頭
3	上歯茎	c	舌端	i	喉頭	C	鼻腔
4	硬口蓋	b+c	舌先	j	気管	A+B+C 声道
5	軟口蓋	d	前舌	k	肺	
6	口蓋垂	e	後舌			
7	咽頭壁	f	舌根			

斎藤純男(2006)『日本語音声学入門』三省堂 p.12

2. 음성기관

음성은 들숨[吸気]이 폐에서 기관을 통해 나오는 과정에서 여러 음성기관에 의해 방해를 받으면서 날숨[呼気]이 되어 입이나 코를 통해 밖으로 나옴으로써 만들어진다.

위의 음성기관의 그림을 참조하면서 음성이 생성되는 과정을 살펴보자.

날숨은 성대(声帯)가 있는 후두(喉頭)를 통과한다. 성대는 좌우대칭을 이룬 근육으로 성대 사이의 성문(声門)을 넓히거나 좁히거나 한다. 성문이 열린 상태에서 날숨이 통과하면 성대는 진동하지 않는다. 반대로 극히 좁혀진 상태에서 날숨이 통과하게 되면 성대는 진동한다.

후두보다 위쪽에 있는 여러 음성기관은 날숨이 나가는 것을 방해하거나 공명(共鳴)하여 소리를 만드는데, 이것을 조음(調音)이라고 한다. 조음이 이루어지는 음성기관의 위치를 조음점(調音点) 또는 조음위치(調音位置)라고 부른다. 음성은 조음점에 따라 크게 양순음(両唇音), 치음(歯音)・치경음(歯茎音), 경구개음(硬口蓋音), 연구개음(軟口蓋音), 성문음(声門音) 등으로 나눌 수 있다.

날숨이 입을 통해 밖으로 나갈 때 통과하는 부분을 구강(口腔)이라고 하며, 코를 통해 밖으로 나갈 때 통과하는 부분을 비강(鼻腔)이라고 한다. 또 후두에서 구강과 비강에 이르는 공간을 성도(声道)라고 한다.

성도에서 조음점이 날숨의 유출을 방해하여 소리를 만드는 방법은 여러 가지가 있는데, 이러한 조음의 방법을 조음법(調音法)이라고 한다. 음성을 조음법에 따라 분류하면 파열음(破裂音), 마찰음(摩擦音), 파찰음(破擦音), 비음(鼻音), 탄음(弾音) 등이 있다.

3. 음성기호

음성을 기호로 나타내는 것을 음성표기라고 하고 그것에 사용되는 기호를 음성기호(音声記号)라고 한다. 음성표기는 [hana](花)와 같이 [ ] 에 넣어 나타낸다. 보통 언어를 표기하기 위해 사용하는 문자도 그 문자가 표음문자라면 일종의 음성기호라고 볼 수 있다. 그러나 표음문자라고 해도 반드시 표기한대로 발음되지는 않는다. 또 언어마다 문자체계가 다르기 때문에 다른 언어간 음성을 비교하는 데에는 어려움이 있다.

그래서 하나의 기호체계로 여러 언어의 음성을 나타낼 수 있는 기호가 고안되어 왔다. 그 중에서 오늘날 가장 널리 사용되고 있는 것이 국제음성자모(国際音声字母 International Phonetic Alphabet 약칭 IPA) 이다. 국제음성자모의 모음 표시는 영국의 음성학자인 다니엘 존스 (Daniel Jones 1881-1967)가 고안한 기본모음도에 기초하고 있다. 또한 자음은 가로축을 조음점, 세로축을 조음법으로 나타내어 각각에 해당하는 음성자모를 나타내고, 같은 칸 내에서는 왼쪽에 무성음(無声音), 오른쪽에 유성음(有声音)을 배치하고 있다.

4. 단음

일반적으로 일본어에서 가나 한 글자로 나타내는 단위를 음성의 최소단위라고 생각하지만 실제로는 음성적으로 더 작은 단위로 나눌 수 있다. 그렇게 나누어진 개개의 음을 단음(単音)이라 부르고 [ ]에 넣어 나타낸다.

「カ」와「サ」를 예를 들어 살펴보자.「カ」와「サ」는 각각의 음의 시작 부분은 다르지만 마지막 부분은 동일하다.「カ」와「サ」를 음성기호로 나타내면 각각 [ka], [sa]와 같다. 이것을 비교해보면 두 음의 앞부분인 자음부가 [k]와 [s]로 차이를 나타내고 있다. 또「カ」와「ク」를 비교해보면 시작부분은 거의 같지만 끝나는 부분이 다른 것을 알 수 있다.「カ」와「ク」를 음성기호로 나타내면 각각 [ka], [ku]와 같고 이를 통해 두 음은 후반의 모음부에서 차이가 나타나고 있음을 확인할 수 있다. 이들 예에서 확인한 [k], [s], [a], [u] 등이 음성의 최소단위인 단음이다.

5. 현대일본어의 단음

1) 유성음과 무성음

단음을 조음법에 따라 분류하면 먼저 성대의 진동을 동반하는 유성음(有声音)과 성대의 진동을 동반하지 않는 무성음(無声音)으로 나눌 수 있다.

일본어에서 유성음은 ア・イ・ウ・エ・オ의 모음, ヤ행과 ワ의 반모음, ガ・ザ・ダ・ナ・バ・マ・ラ 각 행의 자음, 그리고 ン이 포함된다. 또 비음도 유성음으로 분류된다.

カ・サ・タ・ハ・パ 각 행의 자음은 무성음이다.

2) 모음

모음(母音)은 성도 내의 폐쇄나 극단적으로 좁혀지는 일이 없는 유성음을 말한다. 모음은 입을 벌리는 정도, 입술의 형태, 혀의 위치 등의 조음점에 따라서 다른 종류의 모음이 된다.

기본이 되는 모음을 그림으로 나타낸 것이 기본모음도(基本母音図)이다. 기본모음도는 인간을 왼쪽 옆에서 바라본 상태에서 성도 안쪽을 간략하게 나타낸 것이다. 왼쪽에서 오른쪽으로 이동함에 따라서 혀의 위치가 앞쪽에서 안쪽으로 이동한다. 따라서 왼쪽의 것은 전설모음(前舌母音)이고 오른쪽 것은 후설모음(後舌母音)이다. 또 그림 위쪽에서 아래로 이동함에 따라서 입을 벌린 정도, 즉 개구도(開口度)가 '좁음[狹]'에서 '넓음[広]'으로 변화한다. 위쪽부터 순서대로 협모음(狹母音), 반협모음(半狹母音), 반광모음(半広母音), 광모음(広母音)이라고 부른다.

기본모음도와 함께 일본어의 모음을 그림으로 나타내면 다음과 같다.

〈다니엘 존스의 기본모음도와 일본어의 모음〉

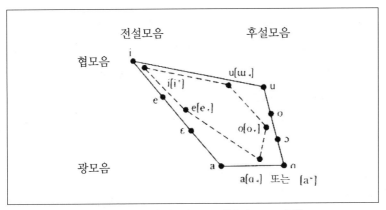

上村幸雄(1989)『言語学大事典 世界言語編(中)』三省堂 p.1694

이밖에 모음은 입술을 오므린 정도에 따라 원순모음(円唇母音)과 비원순모음(非円唇母音)으로 나눌 수 있다. 원순성을 동반하는 일본어

모음으로는 オ가 있다. 나머지 ア・イ・ウ・エ는 비원순모음이다.

일본어의 모음을 위의 기준에 따라 정리하면 다음과 같다.

    [a] 유성・중설・광・비원순모음

    [i] 유성・전설・협・비원순모음

    [u] 유성・후설・협・비원순모음

    [e] 유성・전설・반협・비원순모음

    [o] 유성・후설・반협・원순모음

    동경어를 중심으로 한 현대일본어 공통어에서 협모음 [i], [u]는 무성자음 사이나, 단어 혹은 문(文) 끝에서 무성자음 뒤에 올 때 발음되지 않는 일이 있다. 다음의 예를 살펴보자.

    キシ   岸   [kiʃi]   - 무성자음 [k]와 [ʃ] 사이

    クチ   口   [kutʃi]   - 무성자음 [k]와 [tʃ] 사이

    クスリ   薬   [kusuri]   - 무성자음 [k]와 [s] 사이

    マス   ~ます   [masu]   - 문 끝 [s] 뒤

    デス   ~です   [desu]   - 문 끝 [s] 뒤

    이러한 현상을 모음의 무성화(無声化)라고 하며 [i̥], [u̥]라고 나타낸다. 단 시간적인 길이는 [i], [u]의 경우와 차이가 없다.

3) 자음

    모음과는 달리 자음(子音)은 성도가 폐쇄되거나 극단적으로 좁혀지

는 등의 방해에 의해 날숨이 나가는 것이 방해를 받아 생겨나는 음이다.

자음은 조음점과 조음법에 의해 세분할 수 있다. 먼저 자음을 조음점에 따라 분류하면 다음과 같다.

① 양순음(両脣音)

아랫입술과 윗입술에서 만들어지는 자음이다.

② 치음(歯音)・치경음(歯茎音)

혀끝과 윗니 뒤쪽 혹은 치경에서 만들어지는 자음이다.

③ 경구개음(硬口蓋音)

혀 앞쪽 면과 앞쪽 입천장인 경구개에서 만들어지는 자음이다.

④ 연구개음(軟口蓋音)

혀 뒤쪽 면과 안쪽 입천장인 연구개에서 만들어지는 자음이다.

⑤ 성문음(声門音)

성문에서 만들어지는 자음이다.

다음으로 자음을 조음법에 의해 분류하면 다음과 같다.

① 파열음(破裂音)

성도 내의 날숨을 일단 폐쇄하였다가 갑자기 개방시키는 파열에 의해 만들어진 음이다. 파열 이전의 폐쇄 단계에 주목하여 폐쇄음(閉鎖音)이라고 부르기도 한다.

② 마찰음(摩擦音)

성도 내부를 좁힌 후 그 사이를 날숨이 빠져나가게 함으로써 마찰이 일어나게 되고 그 과정에서 생기는 음이다.

③ 파찰음(破擦音)

파열음과 마찰음을 만드는 방법을 거의 동시에 행하여 만들어지는 음이다. 파열음에 비해 급격하게 개방되지 않는 음이다.

④ 비음(鼻音)

구개수(口蓋垂)를 내려서 구강내로 날숨이 흘러가지 않도록 한 후 비강을 통해 내는 음이다.

⑤ 탄음(弾音)

혀끝으로 위쪽 잇몸 근처를 튕겨서 내는 음이다.

<조음점과 조음법에 의한 일본어 자음>

조음법 \ 조음점		양순음	치경음	치경 경구개음	경구개음	연구개음	성문음
파열음	무성	p	t			k	
	유성	b	d			g	
마찰음	무성	ɸ	s	ʃ	ç		h
	유성		z	ʒ			
파찰음	무성		ts	tʃ			
	유성		dz	dʑ			
비　음		m	n		ɲ	ŋ・N	
탄　음			r				

4) 반모음

모음과 자음의 중간적인 위치에 있는 것이 반모음(半母音)이다. 엄밀하게는 자음에 포함된다고 하여 반자음(半子音)이라고도 하는데, 자음만큼 성도내에서 폐쇄나 좁힘이 일어나지 않는다. 반모음은 모음의

성격을 유지하면서 [i]→[a], [u]→[a]와 같이 단음에서 단음으로 옮겨가는 과정에서 생기기 때문에 전이음(転移音 わたり音)이라고 부르기도 한다.

일본어의 반모음은 ヤ행에서 볼 수 있는 [j]와 ワ행에서 볼 수 있는 [w]가 있다.

음운

1. 음운

같은 음을 발음하더라도 실제로 발성된 소리는 사람마다 각각 다르다. 사람마다 음성기관의 크기나 형태가 다르기 때문이다. 뿐만 아니라 한 사람이 발음한다 해도 발음할 때의 신체적인 상태나 심리 상태 등에 따라 실현된 음은 반드시 같지는 않다. 그 밖에도 발화될 때의 회화의 흐름에 의해 영향을 받기도 하고 음 연쇄 속에서 앞뒤에 오는 음의 영향을 받기 때문에 실현된 구체적인 음성에는 차이가 생길 수 있는 것이다.

이러한 불확실성에도 불구하고 커뮤니케이션이 성립하는 것은 실제로 발음되는 음의 세세한 물리적인 차이는 문제가 되지 않고 의미, 내용, 감정을 전달하기 위해 필요한 차이에만 주의를 기울이기 때문이다. 이것은 또한 한 언어는 일정한 수의 음이 일정한 조직, 체계에 기초해서 사용되기 때문에 가능한 것이다. 이와 같이 한 언어의 화자가 음성에 대해 가지고 있는 추상적인 관념을 음운(音韻)이라고 한다. 음성이 한 장소에서 발생하고 소멸하는 구체적인 언어음인데 비해, 음운은 구체적이며 개별적인 음성의 기준이 되는 사회적인 존재, 즉 랑그(langue)적인 존재이다.

예를 들어 일본어의 「ン」은 후속하는 자음에 따라 실제로는 다른 음으로 실현된다. 「三羽(サンバ)」의 「ン」은 후속하는 자음 [b]가 양순음이므로 이에 따라 동일한 조음위치의 비음인 [m]으로 실현된다. 한편 「三度(サンド)」에서는 후속자음 [d]가 치경에서 생성되는 소리이므로 이에 따라 동일한 조음위치의 비음인 [n]으로 실현된다. 그러나 대부분의 일본인은 그러한 차이를 인식하지 못할 뿐만 아니라 인식한다고 하더라도 같은 「ン」이라고 발음하거나 생각하며 들을 때도 또한 그러하다. 이 경우 「ン」은 음성으로서는 다르지만 음운으로서는 같은 것이다.

2. 음소

자연과학적인 존재인 음성을 파악하는 최소단위로서 앞서 단음을 설정하였다. 동일 언어사회내의 사회적 존재인 음운의 최소단위는 음소(音素)이다. 음소는 한 언어 내에서 의미의 구별에 관여하는 최소단위이다. 음소는 / / 안에 넣어서 나타낸다.

현대일본어에 존재하는 음소를 찾기 위해서는 최소대립쌍(最小対立双 minimal pair)을 활용할 수 있다. 최소대립쌍은 동일한 음성 환경에서 하나의 단음이 차이를 보임으로 인해 의미가 달라지는 한 쌍의 어휘를 말한다.

「秋(アキ)」와 「駅(エキ)」를 예로 들어 최소대립쌍에 대해 알아보자. 「秋(アキ)」는 [aki], 「駅(エキ)」는 [eki]로 나타낼 수 있다. 이 두 단어는 [a]와 [e]의 차이에 의해 '가을'과 '역'이라는 서로 다른 의미를 지니므로, 차이를 보이는 단음 [a]와 [e]를 음소로서 추출하고 /a/와 /e/로 나타낸다. 또 「甘い(アマイ)」와 「赤い(アカイ)」의 경우를 생각해 보자. 두 단어는 [amai]와 [akai]와 같이 단음으로 나타낼 수 있는데, [m]과 [k]를 제외한 나머지 음성환경이 동일함을 알 수 있다. 따라서 [m]과 [k]의 차이에 의해 '달다'와 '빨갛다'라는 의미의 차이가 생기는 것이다. 이때 차이를 보이는 두 음을 음소 /m/과 /k/로 인정할 수 있다. 「秋(アキ)」와 「駅(エキ)」, 「甘い(アマイ)」와 「赤い(アカイ)」를 최소대립 쌍이라고 한다.

음소의 인정에 있어서는 이음(異音)의 존재에 주의할 필요가 있다. 동일한 음성 환경에서 서로 교체되어도 의미가 달라지지 않는 유사한 단음이 있을 경우, 이것을 자유이음(自由異音)이라고 한다. 자유이음은 동일한 음소로 파악한다. 예를 들어 「丘(オカ)[oka]」를 발음할 때 [o]를 한 번은 원순성이 강하게 발음하고, 또 한 번은 보통으로 발음해도 의미는 달라지지 않는다. 즉 이 경우 두 개의 [o] 사이에 나타나는 차이는 의미 변별에 관여하지 않는 것이다. 따라서 두 개의 음은 음소 /o/의 자유이음이라고 파악한다.

그러나 サ행자음의 음소 /s/의 경우, 「サ・ス・セ・ソ」의 자음은 치경마찰음 [s]이지만, 「シ」의 자음은 구개화된 [ʃ]이다. 그러나 이 두 단음은 일정한 모음이라는 조건에 따라 실현되는 조건이음(条件異音) 이며, 이 두 단음은 서로 상보적(相補的)으로 나타난다. 이와 같이 음성적으로 유사한 복수의 단음이 서로 다른 환경에서만 실현되는 것, 다시 말해서 그 중의 어떤 단음이 나타나는 곳에는 다른 단음은 결코 나타나지 않고 반대의 경우도 마찬가지여서 출현하는 위치가 상호보완적인 양상을 나타내는 것을 상보적분포(相補的分布)라고 한다.

3. 현대일본어의 음소

이러한 과정을 통해 추출된 현대일본어 공통어의 음소는 다음과
같다.

- 모음음소(母音音素) /a, i, u, e, o/
- 자음음소(子音音素) /k, g, s, z, t, c, d, n, h, b, p, m, r/
- 반모음음소(半母音音素) /j, w/
- 특수음소(特殊音素) /N/(발음), /Q/(촉음), /R/(장음)

이를 표로 나타내면 다음과 같다.

〈현대일본어 음소표〉

<table>
<tr><td rowspan="8">자
음
음
소</td><td colspan="2">조음법 \ 조음점</td><td>양 순</td><td>치 경</td><td>치경·
경구개</td><td>연구개</td><td>성 문</td></tr>
<tr><td rowspan="2">파열음</td><td>무성</td><td>p</td><td>t</td><td></td><td>k</td><td></td></tr>
<tr><td>유성</td><td>b</td><td>d</td><td></td><td>g</td><td></td></tr>
<tr><td rowspan="2">파찰음</td><td>무성</td><td></td><td></td><td>c</td><td></td><td></td></tr>
<tr><td>유성</td><td></td><td></td><td>z</td><td></td><td></td></tr>
<tr><td colspan="2">마 찰 음</td><td></td><td></td><td>s</td><td></td><td>h</td></tr>
<tr><td colspan="2">비 음</td><td>m</td><td>n</td><td></td><td></td><td></td></tr>
<tr><td colspan="2">탄 음</td><td></td><td>r</td><td></td><td></td><td></td></tr>
<tr><td colspan="3">반 모 음 음 소</td><td>w</td><td colspan="3">j</td></tr>
<tr><td colspan="3">특 수 음 소</td><td>N</td><td colspan="2">R</td><td>Q</td></tr>
<tr><td rowspan="3">모
음
음
소</td><td colspan="2" rowspan="3"> </td><td colspan="5">전 중 후</td></tr>
<tr><td>고</td><td>i u</td></tr>
<tr><td>중
저</td><td>e o
a</td></tr>
</table>

『日本語敎育事典』(1991년 p.56)을 수정한 것임.

위의 특수음소의 촉음기호 /Q/는 국제음성기호에는 없는 것이며, 자음음소의 /c/와 특수음소의 장음 /R/이라는 기호는 국제음성기호의 용법과는 다른 점이 있으므로 주의를 요한다.

1) 모음음소

① /a/ ア단음의 모음. 단음 [a]. 유성·중설·광·비원순모음

② /i/ イ단음의 모음. 단음 [i]. 유성·전설·협·비원순모음

③ /u/ ウ단음의 모음. 단음 [u]. 유성·후설·협·비원순모음

④ /e/ エ단음의 모음. 단음 [e]. 유성·전설·반협·비원순모음

⑤ /o/ オ단음의 모음. 단음 [o]. 유성·후설·반협·원순모음

2) 자음음소

자음음소 설정은 학자에 따라 견해가 다를 수 있으나 여기에서는 /k, g, s, z, t, c, d, n, h, b, p, m, r/의 13개로 설정한다. 이를 오십음도(五十音図)의 행(行)에 따라 설명해가기로 한다.

① /k/ カ행의 자음. 단음 [k]. 무성·연구개·파열음

② /g/ カ행의 탁음(濁音)인 ガ행의 자음. 단음 [g], [ŋ]

ガ행 자음이 어두에 올 때는 [g]로 실현되고, 어두 이외의 위치에 나타날 때는 비음 [ŋ]로 실현되어 음성 환경에 따른 대립이 인정된다. [g]는 유성음이고 조음위치상으로는 연구개음이며 조음법상으로는 파열음이다. [ŋ]는 유성·연구개·비음이다. [ŋ]를 별도의 음소로 인정하는 견해도 있으나 [g]와 [ŋ]는 각각 어두와 어중에 나타나서 상보적

분포(相補的分布)를 이루므로 음운론적으로는 동일한 음소 /g/에 해당하는 것으로 파악하기로 한다. 즉 [g]와 [ŋ]는 음소 /g/의 조건이음(条件異音)인 것이다.

③ /s/ サ행의 자음. 단음 [s], [ʃ]

음소 /s/는 실제로 두 가지로 실현된다. 「サ・ス・セ・ソ」의 자음은 무성・치경・마찰음인 [s]이고, 「シ」의 자음은 무성・치경경구개・마찰음인 [ʃ]이다. 이 [s]와 [ʃ]는 같은 음성 환경에 나타나는 일 없이 상보적인 분포를 이룬다. 또 [ʃ]는 다른 イ단의 자음과 마찬가지로 [s]가 [i] 앞에서 구개화한 것이므로 동일한 음소 /s/의 조건이음으로 파악한다.

④ /z/ サ행의 탁음인 ザ행의 자음, チ・ツ의 탁음인 ヂ・ヅ의 자음, ヂャ・ヂュ・ヂョ의 자음. 단음 [dz], [ʥ]

「ザ・ズ・ゼ・ゾ」의 자음과 「ヅ」의 자음은 유성・치경・파찰음 [dz]이고, 「ジ」와 「ヂ」의 자음과 「ヂャ・ヂュ・ヂョ」의 자음은 유성・치경경구개・파찰음인 [ʥ]이다. 이 두 음도 サ행자음의 경우와 마찬가지로 상보적으로 분포하므로 음운론적으로는 하나의 음소 /z/로 파악한다.

또한 ザ행의 자음은 어두 이외의 위치나 발음(撥音) 직후에 [-z-], [-ʒ-]와 같이 마찰음으로 실현되는 일도 있다. 그러나 이 경우도 음운론적으로 /z/로 파악한다.

⑤ /t/ タ・テ・ト의 자음. 단음 [t]. 무성・치경・파열음

⑥ /c/ チ・ツ의 자음, ヂャ・ヂュ・ヂョ의 자음. 단음 [tʃ], [ts]

「タ・テ・ト」의 자음은 무성・치경・파열음인 [t]이다. 또 「チ」와 タ행 요음 「チャ・チュ・チョ」의 자음은 무성・치경경구개・파찰음인 [tʃ]이다. 「ツ」는 무성・치경・파찰음인 [ts]이다.

이 [t], [tʃ], [ts]은 상보적인 분포를 이루므로 음운론적으로는 동일한 음소 /t/의 조건이음이라고 해석하여 하나의 음소 /t/만을 설정할 수도 있다. 그러나 サ행에서 [s], [ʃ]를 /s/라는 하나의 음소로 설정한 것과는 달리, タ행은 /t/와 /c/의 두 개의 음소를 설정하고 있다. サ행음 「シ」는 '환경 동화 작업 원칙'에 의해서 「[s]+[i]→[ʃi]」와 같이 [i]가 선행 자음 [s]를 동화시켜서 [ʃi]로 바뀐다고 설명할 수 있다. 그러나 タ행음 「チ」와 「ツ」에 대해서 [i]와 [u]가 파열음 [t]를 동화시켜서 파찰음 [tʃ], [ts]가 되었다고 설명하는 것은 음성학적으로는 가능하지 않다. 따라서 /t/와는 별도로 새로운 파찰음 음소 /c/를 설정할 필요가 있다. 「チ」와 「ツ」를 음소표기와 단음표기로 나타내면 각각 「/ci/ [tʃi]」, 「/cu/ [tsu]」가 된다.

⑦ /d/ ダ・デ・ド의 자음. 단음 [d]. 유성・치경・파열음

「ダ・デ・ド」의 자음은 「タ・テ・ト」의 무성・치경・파열음 [t]에 대응하는 유성음 [d]이다.

⑧ /n/ ナ행의 자음. 단음 [n]. 유성・치경・비음

⑨ /h/ ハ행의 자음. 단음 [h], [ç], [ɸ]

ハ행자음은 실제로 세 개의 이음을 지닌다. 「ハ・ヘ・ホ」의 자음은 무성・성문・마찰음인 [h]이고, 「ヒ」의 자음은 무성・경구개・마찰음인 [ç]이며, 「フ」의 자음은 무성・양순・마찰음인 [ɸ]이다. 이들

세 개의 이음은 상보적분포를 이루고 있어서 동일한 음소 /h/의 이음
으로 파악한다.

⑩ /b/ バ행의 자음. 단음 [b]. 유성・양순・파열음

⑪ /p/ パ행의 자음. 단음 [p]. 무성・양순・파열음

⑫ /m/ マ행의 자음. 단음 [m]. 유성・양순・비음

⑬ /r/ ラ행의 자음. 단음 [r]. 치경・탄음

3) 반모음음소

① /j/ ヤ행의 자음. 단음 [j]. 유성・경구개음

② /w/ ワ행의 자음. 단음 [w]. 유성・양순음

4) 특수음소

① 발음 /N/

발음(撥音 はねる音)은 「ん」 혹은 「ン」과 같이 표기한다. 일반적으
로 어두에 나타나지 않으며 음소표기는 /N/이다. 음성 환경에 따라
[m, n, ɲ, ŋ, N]과 같은 이음으로 실현된다.

ⓐ 유성・양순・비음 [m] : 양순음 [p, b, m]의 앞
さんぽ(散歩) [sampo]　　とんぼ [tombo]　　あんま [amma]

ⓑ 유성·치경·비음 [n] : 치경음 [t, d, n, s, z, ɾ]의 앞

はんたい(反対) [hantai]　　もんだい(問題) [mondai]

あんない(案内) [annai]　　せんせい(先生) [sense:]

せんぞ(先祖) [senzo]　　しんるい(親類) [sinrui]

ⓒ 유성·경구개·비음 [ɲ] : 경구개음 [ɲ]의 앞

きんにく(筋肉) [kiɲɲikɯ]　　しんにゅう(新入) [ʃiɲɲɯː]

ⓓ 유성·연구개·비음 [ŋ] : 연구개음 [k, g, ŋ]의 앞

にんき(人気) [niŋki]　　まんが(漫画) [maŋga]

ⓔ 유성·연구개·비음 [N] : 어말

ほん(本) [hoN]　　しんぶん(新聞) [simbuN]

이와 같이 발음 /N/은 양순음 앞에서는 양순비음이 되고, 치경음 앞에서는 치경비음이 된다. 즉 /N/은 뒤에 오는 자음과 같은 조음점을 지닌 비음으로 동화하고 한 박자 길이의 지속음으로 실현된다.

위의 이음 중 [m, n, ŋ]가 マ행, ナ행, ガ행의 자음 [m, n, ŋ]과 다른 것은 이들 모두 각각 단독으로 하나의 박을 구성할 수 있기 때문이다. 예를 들면 「さま(様)」의 [m], 「かない(家内)」의 [n], 「かご」의 [ŋ]을 길게 늘려 발음하면 각각 다음과 같이 된다.

さま(様) [sama] /sama/　　: さんま [samma] /saNma/

かない(家内) [kanai] /kanai/ : かんない(館内) [kannai]/kaNnai/

かご [kaŋo] /kago/　　　　 : かんご(漢語) [kaŋŋo] /kaNgo/

② 촉음 /Q/

촉음(促音 つまる音)은 「っ」 혹은 「ッ」와 같이 표기하며 음소표기는

/Q/와 같이 한다. 원칙적으로 [p, t, k, s, ʃ] 앞에 나타나서 후속하는 자음과 같은 입 모양으로 한 박자 분을 유지하는 것이다. 그렇게 한 박자를 유지한 후 후속자음으로 옮겨간다. 예를 들면 「サカ(坂)」의 후속 자음 [k]를 발음하려는 입모양을 취한 후 모음을 연이어 발음하지 않고 한 박자 길이를 유지하면 「サッカ(作家)」가 된다. 또 「カタ(肩)」의 후속 자음 [t]를 동일한 방식으로 발음하면 「カッタ(勝った)」가 된다.

이와 같이 촉음은 후속하는 무성자음의 입모양으로 숨의 흐름을 한 박자 정도 길이만큼 방해하여 후두의 긴장을 지속시키는 것이다. 따라서 촉음 부분은 후속하는 자음의 지속부이고 확실한 음으로서 알아듣는 것이 불가능하여 발음 「ン」과 같이 독립된 음성을 갖지는 않는다.

그러나 촉음은 아래의 예에서 보는 것처럼 개략적으로는 중자음(重子音)*[-pp-, -tt-, -tts-, -ttʃ-, -kk-, -ss-, -ʃʃ-]으로 나타낼 수 있다. 이들을 단자음의 경우와 비교할 때 음운적으로 최소대립이 인정된다.

すぱい(スパイ) [sɯpai] /supai/ : すっぱい(酸っぱい) [sɯppai]/ suQpai/
いた(居た) [ita] /ita/ : いった(行った) [itta] /iQta/
いつう(胃痛) [itsu:] /icuR/ : いっつう(一通) [ittsu:] /iQcuR/
いち(一) [itʃi] /ici/ : いっち(一致) [ittʃi] /iQci/
いけん(意見) [ikeN] /ikeN/ : いっけん(一軒) [ikkeN] /iQkeN/

---

* 중자음(geminate consonant): 같은 자음이 단어 내부 또는 단어 연결의 연접 부분에서 연속한 것을 말하며 이중자음이라고도 한다. 영어에서는 「letter [létə], kiss [kis], grammar [grǽmə]」 등의 예에서 볼 수 있는 것과 같이 같은 자음이 겹친 경우에도 하나의 자음과 같이 발음하거나 혹은 길게 발음하더라도 약간만 길게 발음하는 것이 보통이다. 반면 일본어에는 다른 자음이 연속하는 중자음은 없다. 「ツ」를 표기할 때 경우에 따라서는 [tsu]와 같이 자음을 겹쳐서 쓰기도 하지만 이때 [ts]는 파찰음이라는 하나의 자음이다.

はさん(破産) [hasaN] /hasaN/ : はっさん(発散) [hassaN] /haQsaN/

いしょう(衣裝) [iʃoː] /isjoR/ : いっしょう(一升) [iʃʃoː] /iQsjoR/

그러나 이 중자음 전반부 요소가 한 박자분의 길이를 가지며 음성
환경에 의해 다섯 개의 이음, 즉 조건이음으로 실현된다고 볼 수 있
다. 따라서 발음 /N/의 경우와 마찬가지로 상보적분포의 원칙에 의해
하나의 음소 /Q/로 인정한다.

촉음은 「すっごい [süggoi]」, 「すっばらしい [sübbaraʃiː]」와 같은
강조 어형이나 「バッジ [baddʒi]」, 「バッグ [baggɯ]」, 「ベッド [beddo]」
와 같은 외래어에서는 유성자음 앞에서도 관찰된다.

③ 장음 /R/

장음(長音 引き音)은 직전에 오는 모음 [a, i, u, e, 이을 발음한 입
모양 그대로 한 박자 분 길게 늘인 것으로 음소표기는 /R/과 같다.

おじさん [oʒisaN] /ozisaN/ : おじいさん [oʒiːsaN] /oziRsaN/

おばさん [obasaN] /obasaN/ : おばあさん [obaːsaN] /obaRsaN/

위의 두 쌍은 모음을 길게 늘여 발음하느냐 하지 않느냐에 따라 의
미에 차이가 생긴다. 따라서 단모음과 장모음 사이에 음운적인 대립
이 있는 것으로 본다. 이러한 대립은 다섯 개의 모음에 모두 인정된다.

かど(角) [kado] /kado/ : カード [kaːdo] /kaRdo/

ちず(地図) [tʃizɯ] /cizu/ : チーズ [tʃiːzɯ] /ciRzu/

つち(土) [tsɯtʃi] /cuci/ : つうち(通知) [tsɯːtʃi] /cuRci/

せき(席) [seki] /seki/   : せいき(世紀) [seːki] /seRki/
とる(取る) [toru] /toru/   : とおる(通る) [toːru] /toRru/

장모음(두박자)과 단모음(한박자)의 대립은 일본어에서는 지극히 명확하다.

지명 オサカ(小坂) : オーサカ(大阪, 逢坂)
    [osaka] /osaka/   [oːsaka] /oRsaka/
인명 オノ(小野)   : オーノ(大野)
    [ono] /ono/   [oːno] /oRno/

위의 지명과 인명은 모음의 길이에 의해서 구별되고 있다. 따라서 장단의 구별이 불충분하다면 이해하기 어려워진다. 영어는 발음되는 길이가 엄밀하지 않기 때문에「大阪」,「大野」는 종종 [osaka], [ono]와 같이 발음된다. 한국어의 외래어 표기에서도「小野」와「大野」는 모두 '오노'라고 표기하기 때문에 표기상으로는 변별력을 잃고 만다.

이와 같이 일본어의 장모음은 모음 한 박자와 그것과 같은 모음 한 박자분의 끄는 음으로 이루어지며, 이것에 해당하는 부분은 선행하는 모음에 따라서 다섯 종류의 음성이 되어 실현된다. 음운론적으로는 하나의 장음음소 /R/에 해당한다고 해석한다.

그러나 음소 /R/에는 명확한 음성특징은 없다고 하는 입장에서 이론이 제기되기도 한다. 즉 장음을 음소로 인정하지 않고 같은 모음의 연속(/aa/, /ii/ 등)이라고 해석하는 입장이 그것이다.

음절과 박

1. 음절과 박

　일반적으로 「ハル(春 [haru])」, 「ナツ(夏 [natsu])」라는 단어는 ハ와
ル, ナ와 ツ, 각각 두 개의 단위로 구성되어 있다고 판단한다. 또한
ハ, ル, ナ, ツ 각각은 단음의 집합이다. 해당 언어를 사용하는 보통
사람이 자연스럽게 발음할 때 더 이상 작게 잘라서 발음할 수 없는
최소 단위를 음절(音節 syllable)이라고 한다.

　그러나 발음, 촉음, 장음과 같은 특수음소를 포함한 단어의 경우
사람에 따라 음절의 인식이 다를 수 있다. 「ニッポン(日本)」과 「コウ
コウ(高校)」의 예를 들어보자.

ニッ / ポン	2음절		コウ / コウ	2음절
ニッ / ポ / ン	3음절		コ / ウ / コ / ウ	4음절
ニ / ッ / ポン	3음절			
ニ / ッ / ポ / ン	4음절			

「ニッポン(にっぽん)」의 경우는 화자에 따라 2음절로 인식하는 사람도 있고 3음절과 4음절로 인식하는 사람도 있다. 「コウコウ(高校)」도 2음절로 인식하는 경우와 4음절로 인식하는 경우를 볼 수 있다.

한편 일본어에 대해 학문적인 지식이 없는 영어나 중국어, 한국어 화자라면 이들 단어를 2음절로 간주할 것이다. 음성적으로는 촉음「っ」는 어중에만 등장하고 그것만으로 발음되는 일은 없다. 또 보통 발음「ん」도 어중 혹은 어말에 와서 선행하는 모음과 연속해서 발음된다. 장음도 선행모음과 연속하여 발화되므로 두 개로 나뉘지 않는다.

그럼에도 불구하고 위의 단어를 4개로 나누는 것은 하이쿠(俳句)나 단카(短歌)에서 5·7·5 혹은 5·7·5·7·7의 운율을 맞추기 위해 가나의 개수를 세는 방법에서 기인한다. 그 근저에는 특수음소인 발음, 촉음, 장음의 시간적인 길이가 ニ, ポ, コ 등과 거의 같다는 사실이 있다. 이에 시간적 길이에 착목하여 음절과는 별도로 등시성(等時性), 즉 일정한 길이를 지니며, 그 이상 나눌 수 없는 단위를 박(拍) 또는 모라(mora モーラ)라고 부르고, 이것을 일본어의 음운론적 최소 단위로 사용하는 것이 널리 행해지고 있다. 음절은 실제 발화시에 확인되는 더 이상 작게 나눌 수 없는 음의 덩어리로서 음성학적 음절이라고 파악한다. 앞서 예로 든 「ニッポン(日本)」과 「コウコウ(高校)」는 2(음성학적)음절, 4박의 단어이다. 이와 같이 음절을 파악하는데 있어서 음성학적 음절 외에 음운론적 음절을 설정하는 것은 다른 언어에서는 보기 힘든 일본어 특유의 현상이다.

박은 본래 음의 길이를 측정하는 단위로 대개 가나 한 글자, 요음은 두 글자에 해당한다. 하나의 단음절의 길이에 해당하는 길이를 지니는데 한 박의 구체적인 길이는 5분의 1초 정도이고 빠르게 이야기

할 때는 12분의 1초 정도라고 한다.

2. 현대일본어의 박 구조

일본어에서 박의 구조는 다음의 다섯 가지로 같이 정리할 수 있다. 모음은 V(vowel), 자음은 C(consonant), 반모음은 S(semi-vowel)로 나타낸다.

- V형 : ア행
- SV형 : ヤ행 또는 ワ행
- CV형 : カ, ガ, サ, ザ, タ, ダ, ナ, ハ, バ, パ, マ, ラ의 각 행
- CSV형 : 요음
- 특수박 : ン(발음), ッ(촉음), ー(장음)

1) V형

모음음소 한 개로 이루어진 것으로 あ/a/, い/i/, う/u/, え/e/, お/o/의 다섯 개가 있다.

2) SV형

반모음음소와 모음음소가 각각 한 개씩 결합된 것으로 や/j+a/, ゆ/j+u/, よ/j+o/, わ/w+a/의 네 개가 있다.

3) CV형

자음음소 한 개와 모음음소 한 개가 결합된 것으로 오십음도 총 46자 중 35자는 여기에 속한다. カ행을 보면 か/k+a/, き/k+i/, く/k+u/, け/k+e/, こ/k+o/와 같다.

4) CSV형

자음음소 한 개와 반모음음소 한 개, 그리고 모음음소 한 개, 총 세 개의 음소가 결합된 것으로 キャ/k+j+a/, シャ/s+j+a/, チャ/t+j+a/, ニャ/n+j+a/, ヒャ/h+j+a/, ミャ/m+j+a/, リャ/r+j+a/, ギャ/g+j+a/, ジャ/z+j+a/, ビャ/b+j+a/, ピャ/p+j+a/ 등이 여기에 속한다. 이 때 모음은 /a/, /u/, /o/에만 결합되고 /i/, /e/와는 결합되지 않는다.

5) 특수박

특수박(特殊拍)은 특수음소(特殊音素)라고도 하며 발음(撥音 ン /N/)과 촉음(促音 ッ /Q/), 그리고 장음(長音 ― /R/)으로 이루어진 것이다.

위의 음절 중 1), 2), 3)과 같이 가나 한 자로 나타낼 수 있는 음절을 직음(直音)이라고 하고, 4)와 같이 다른 행의 イ단의 가나에 ヤ・ユ・ヨ를 보통 글자 크기의 이분의 일 크기로 붙여 써서 가나 두 자로 나타내는 음절을 요음(拗音)이라고 한다. 또 일본어 음절에는 탁점이나 반탁점이 없는 가나로 나타내는 청음(淸音)과 탁점이나 반탁점을 붙인 가나로 나타내는 탁음(濁音)·반탁음(半濁音)이 있다.

〈현대일본어의 박 일람표〉

직	음	박			요	음	박
あ	い	う	え	お	や	ゆ	よ
a	i	u	e	o	ja	ju	jo
か	き	く	け	こ	きゃ	きゅ	きょ
ka	ki	ku	ke	ko	kja	kju	kjo
が	ぎ	ぐ	げ	ご	ぎゃ	ぎゅ	ぎょ
ga	gi	gu	ge	go	gja	gju	gjo
さ	し	す	せ	そ	しゃ	しゅ	しょ
sa	si	su	se	so	sja	sju	sjo
ざ	じ	ず	ぜ	ぞ	じゃ	じゅ	じょ
za	zi	zu	ze	zo	zja	zju	zjo
た	ち	つ	て	と	ちゃ	ちゅ	ちょ
ta	ci	cu	te	to	cja	cju	cjo
だ	ぢ	づ	で	ど	ぢゃ	ぢゅ	ぢょ
da	zi	zu	de	do	zja	zju	zjo
な	に	ぬ	ね	の	にゃ	にゅ	にょ
na	ni	nu	ne	no	nja	nju	njo
は	ひ	ふ	へ	ほ	ひゃ	ひゅ	ひょ
ha	hi	hu	he	ho	hja	hju	hjo
ぱ	ぴ	ぷ	ぺ	ぽ	ぴゃ	ぴゅ	ぴょ
pa	pi	pu	pe	po	pja	pju	pjo
ば	び	ぶ	べ	ぼ	びゃ	びゅ	びょ
ba	bi	bu	be	bo	bja	bju	bjo
ま	み	む	め	も	みゃ	みゅ	みょ
ma	mi	mu	me	mo	mja	mju	mjo
ら	り	る	れ	ろ	りゃ	りゅ	りょ
ra	ri	ru	re	ro	rja	rju	rjo
わ				を			
wa				o			

특 수 박	ん		っ		ー	
	N		Q		R	

『日本語教育事典』(1991 p.22)를 수정한 것임.

일본어의 음운론적 음절, 즉 박 구조의 특징에 대해 정리해보면 다음과 같다.

먼저 박의 수가 적다는 것을 들 수 있다. 현대일본어에서는 다음과 같이 외래어 등에 사용되는 특수한 음절, 예를 들면 「ティ[ti], ディ[di], トゥ[tu], ドゥ[du], ファ[ɸa], フィ[ɸi], フォ[ɸo], クヮ[kwa], シェ[ʃe], ジェ[dʒe]」 등을 별개로 하면 일단 103개의 음절이 인정된다. 이 음절수는 세계 언어에서 볼 때 대단히 적은 숫자이다. 중국어(북경어)는 400개 이상의 음절을 갖고 있으나 이것도 음절수가 적다고 여겨진다. 한국어는 2천개 이상이며 영어는 3만개를 넘는다.

두번째로 박의 구조가 극히 단순하다는 점을 들 수 있다. 박의 수가 적은 것은 우선 그것을 구성하는 자음이나 모음의 수가 적다는 것에 기인한다. 전술한 바와 같이 일본어의 모음음소는 /a, i, u, e, o/의 5개이고, 자음음소는 /k, g, s, z, t, c, d, n, h, b, p, m, r/의 13개이며, 반모음음소는 /j, w/의 2개로 다른 언어에 비해 음소의 개수가 적다. 게다가 박의 구조가 극히 단순하여 단음의 결합양식이 한정되어 있으므로 그 수가 적은 것이다.

세번째로 개음절(開音節 open syllable) 구조라는 특징이 있다. 일본어는 오래전부터 개음절 언어이며 특히 한자음의 영향을 받기 이전의 고대일본어는 직음의 개음절만으로 단순하고 정돈된 구성을 하고 있었다. 요음이나 발음, 촉음 등이 생겨난 이후에도 일본어의 개음절성은 굳게 지켜졌다. 폐음절(閉音節, closed syllable) 외국어를 외래어로서 받아들이는 경우 일본어의 개음절성이 강하게 나타난다. 예를 들어 영어의 「cup (CVC)」, 「text (CVCC)」를 일본어로 나타내면 「カップ [kappu] (CVQCV)」, 「テキスト [tekisuto] (CVCVCVCV)」가 되어 CV인 개음절의 연속체를 이루는 것이 보통이다.

네번째로 하나의 박 안에 두 개 이상의 자음이 연속해서 오는 일이 없다는 점이다. 영어의 「tree, street, schedule」 등은 음절 처음에 [tr-], [str-], [sk-] 와 같은 자음의 연속이 오지만 이러한 이중자음은 일본어에는 보이지 않는다. 단 촉음은 「一本 [ippoN]」, 「勝った [katta]」에서 보는 것처럼 [-pp-], [-tt-]와 같이 동일한 자음연속으로 나타나기 때문에 이중자음과 같이 보인다. 그러나 이 자음연속 중 앞에 오는 자음은 촉음을 나타내고, 뒤의 자음은 후속음절의 첫자음을 나타내고 있어서 각각이 별개의 음절에 속한다.

다섯번째로 하나의 박 안에 두 개의 모음이 연속해서 오는 일이 없다는 것을 들 수 있다. 이것은 영어나 스페인어 등의 외국어에서 보이는 [ai], [oi], [ui] 등의 이중모음을 지니는 음절이 일본어에는 인정되지 않는다고 하는 것이다.

악센트

일본어에서 「雨」와 「飴」는 각각 「アメ」, 「アメ」(— 높은 부분)와 같이 「높이」의 차이에 의해 의미가 구별된다. 「箸」와 「橋」도 마찬가지로 표기나 발음은 같으나 「ハシ」, 「ハシ」와 같이 높낮이의 차이에 따라 의미를 구별한다.

이렇게 하나하나의 단어에 대해 사회적 습관으로서 정해져 있는 상대적인 높이나 강약의 배치를 악센트(accent)라고 한다. 이 중 고저에 의한 악센트를 고저 악센트(pitch accent)라고 하고, 강약에 의한 것을 강약 악센트(stress accent)라고 한다. 일본어의 악센트는 단어, 혹은 어절 내부에 고저 관계가 정해져 있는 고저 악센트이다. 악센트의 고저에 따라 의미의 구별을 하기도 하고 단어가 하나의 단위임을 나타내기도 한다.

앞서 예로 든 「雨 : 飴」, 「箸 : 橋」와 같이 높낮이에 따라 그 의미가 달라진다. 즉 악센트는 의미변별의 기능을 지니는 것이다. 또 악센트가 한 문장 안에서 단어와 단어 또는 어절과 어절의 경계를 구분하고 표시하는 기능을 하기도 하는데 이를 문법기능(文法機能) 혹은 통사기능(統辞機能)이라고 한다.

일본어에서는 게이한(京阪)악센트와 도쿄(東京)악센트 두 종류가 있고, 그밖에 악센트의 구별이 없는 이치카타(一型)악센트 지역도 있다. 위에 나타낸 것은 도쿄악센트의 예이고, 게이한악센트에서 위의 두 단어는 「アメ(雨)」, 「アメ(飴)」와 같이 실현된다.

공통어인 동경어의 악센트는 단어의 제 1음절과 제 2음절의 높이가 반드시 다르다는 특징이 있다. 그로 인해 2음절 명사의 악센트형은 다음 세 종류가 생긴다.

① ○○△ (端が)
② ○○△ (箸が)
③ ○○△ (橋が)

②의 경우는 「ハ」에서 「シ」에 걸쳐서 높은 데서 낮은 데로 변화한다. 이것을 악센트의 폭포[アクセント 滝]라 하고, 그 앞 음절을 악센트의 핵[アクセント 核]이라고 한다. ③은 「シ」가 악센트의 핵으로 그 뒤에 폭포가 있다. 이에 비해 ①에는 높은 데서 낮은 데로의 이동이 없으므로 폭포도 없다. ①과 같이 폭포가 없는 것을 평판식(平板式)이라고 부르고, ②와 ③을 기복식(起伏式)이라고 부른다. 한 단어 혹은 한 문절 중에는 악센트의 높은 부분이 한 군데 밖에 없으므로 도쿄악센트의 형태는 악센트의 핵이 있느냐 없느냐, 있다면 어디에 있는가를 알면 나타낼 수 있다.

그러나 일본어의 악센트는 방언에 따라서도 서로 다를 뿐만 아니라 같은 동경어 안에서도 연령층에 따라 변화가 있다고 알려져 있다.

연 습 문 제

1. 음성과 음운의 관계에 대해 설명하세요.

2. 자음에 대해 조음법과 조음위치에 따라 설명하세요.

3. 음소추출방법에 대해 설명하세요.

4. 조건이음과 음소 설정에 대해 예를 들어 설명하세요.

5. 일본어의 자음음소는 어떤 것이 있는지 들어보세요.

6. 일본어의 특수음소에 대해 설명하세요.

7. 일본어의 음절의 특징에 대해 설명하세요.

8. 일본어의 박의 구조에 대해 예를 들어 설명하세요.

9. 현대일본어 박 구조의 특징을 설명하세요.

10. 현대일본어의 악센트에 대해 설명하세요.

참고문헌

天沼寧・大坪一夫・水谷修(1978)『日本語音声学』くろしお出版

NHK放送文化研究所(1988)『NHK日本語発音アクセント辞典 新版』日本放送出版協会

大野晋・柴田武編(1977)『岩波講座 日本語5 音韻』岩波書店

大野晋・丸谷才一編(1981)『日本語の世界』中央公論社

沖森卓也他(2006)『図解日本語』三省堂

亀井孝・河野六郎・千野栄一編(1987～2001)『言語学大辞典』三省堂

上野善道編(2003)『朝倉日本語講座3 音声・音韻』朝倉書店

金田一春彦・林大・柴田武編(1988)『日本語百科大事典』大修館書店

窪薗晴夫(1999)『現代言語学入門2 日本語の音声』岩波書店

国語学会編(1980)『国語学大辞典』東京堂出版

小松英雄(1981)『日本語の世界7 音韻』中央公論社

斎藤純男(1997)『日本語音声学入門』三省堂

杉藤美代子編(1993)『講座日本語と日本語教育2 日本語の音声・音韻(上・下)』明治書院

中条修(1990)『日本語の音韻とアクセント』勁草書房

日本音声学会編(1976)『音声学大辞典』三修社

日本語教育学会編(1991)『日本語教育事典』大修館書店

服部四郎(1955)『言語学の方法』岩波書店

服部四郎(1984)『音声学』岩波書店

飛田良文・佐藤武義編(2002)『現代日本語講座3 発音』明治書院

湯沢質幸他(2004)『シリーズ日本語探求法 音声・音韻探求法』朝倉書店

제3장

문자 · 표기

문자

1. 문자의 기능

단어, 음절, 음소 등의 단위에 대응하여 시각적으로 언어를 표시하기 위한 기호의 그룹을 문자라고 한다. 문자는 종종 언어와 혼동되는데 본래 문자는 언어를 기록하는 수단일 뿐 언어 그 자체는 아니다. 문자가 없는 언어는 있어도 기록해야 할 언어가 없는 문자는 존재하지 않는다. 이 사실을 통해 양자의 관계를 잘 알 수 있다.

그러나 언어에 비해 문자의 중요도가 떨어지는 것은 결코 아니다. 문자도 대단히 중요한 언어기호이다. 우선 문자 없이 언어를 기록하는 것은 불가능했을 것이며, 음성이나 영상을 기록하는 기술이 발달한 현재에도 문자가 기록과 전달을 담당하는 중요한 수단임에는 변함이 없다. 문자에 의지하지 않고서는 대량의 정보를 보존, 전승하고, 또한 정확하게 전달하는 것은 곤란하다.

또한 문자는 언어 자체에도 큰 영향을 미친다. 예를 들어 문자는 음성에 의해 전해지는 음성언어와는 다른 특징과 역할을 지닌 문자언어를 탄생시켰다. 우리들이 매일 사용하는 언어는 상당 부분 문자에 의지하고 있는데, 그 대부분은 신문이나 잡지, 편지의 문장과 같이 음성으로 복원하는 것을 예상하지 않은 문자언어이다. 이 문자언어와 음성언어는 상호보완적으로 작용한다.

음성언어는 화자와 청자가 직접 주고 받는 것이고, 그 장소에 있어야만 의미가 있다. 그러나 눈에 보이지 않는 상대와도 의사소통을 하기 위해서 오랜 옛날부터 여러 가지 궁리를 해왔다. 예를 들어 새끼줄을 매듭지어 나타내기도 하고, 나무에 상처를 내서 표시를 하기도 하였다. 그러다가 공동체 안에서 미리 약속을 하여 선이나 점의 형태에 일정한 의미나 음을 결합시켜 기호의 세트로서 사용하게 되었는데, 이것이 바로 문자이다. 사회가 복잡해지고 문화 수준이 높아짐에 따라서 시간과 공간을 넘어선 전달수단에 더욱 의존하게 되었다. 그리고 많은 사람들에게 의사를 전달하거나, 지식을 축적하기 위해 기록을 하는 일이 필요해졌다. 이 때 그 역할을 담당한 것이 문자이다.

2. 문자의 분류

해당 문자가 음을 나타내는가, 의미를 나타내는가에 따라 문자는 표음문자(表音文字)와 표의문자(表意文字)로 분류된다. 문자는 그림문자로서 사물의 형태를 그림으로 나타내는 과정에서 만들어졌는데, 이것이 표의문자로 발달한 후 그것을 기초로 하여 표음문자로 옮겨갔다.

표음문자는 다시 음절을 나타내는 음절문자(音節文字)와, 그것보다 작은 단위의 단음을 나타내는 단음문자(單音文字)가 있다. 단음문자는 음소문자, 자모문자, 알파벳이라고도 한다. 일본어의 히라가나(平仮名)와 가타카나(片仮名)는 음절문자이며, 로마자는 단음문자이다. 표의문자는 언어의 의미를 나타내는 문자인데, 의미의 단위가 단어에 대응하는 경우가 많기 때문에 표어문자(表語文字) 혹은 단어문자(単語文字)라고도 불리며 한자가 여기에 속한다. 그러나 표의문자라고 해서 음을 나타내지 않는 것은 아니다.

한자

한자(漢字)는 고대 중국어를 적기 위해 중국에서 발생한 문자이며, 기본적으로 한 글자가 한 단어를 나타내는 표어문자이다.

한자의 기원은 대략 3300년 전으로 거슬러 올라간다. 전설상으로는 황제 복희씨(伏羲氏)가 자연을 상징화하여 팔괘(八卦)를 만든 것에서 시작되었다고 하기도 하고, 창힐(蒼頡)이라는 사람이 새나 짐승의 발자국에서 힌트를 얻어서 발명했다고도 한다. 현재 확인할 수 있는 가장 오래된 한자는 은(殷)나라(기원전 14-13세기)의 갑골문자(甲骨文字)이다. 갑골문자는 하늘의 뜻을 점치기 위하여 거북이 배 껍질이나 짐승의 뼈를 태워서 거기에 나타난 균열의 모양으로 길흉을 판단하던 것에서 유래한다. 갑골문자 이후 현재에 이르기까지 한자는 전서(篆書), 예서(隸書), 해서(楷書), 행서(行書), 초서(草書)라고 불리우는 자

〈한자의 변천〉

		象形		指事		会意		形声		転注		仮借	
		月	人	下	本	武	安	河	年	考	老	令	長
篆書	商代 甲骨文												
	西周 金文												
	秦代 刻石 説文篆文												
隷書	秦代 隷書												
	前漢 隷書												
	漢碑 隷書												
楷書	六朝 写経碑誌												
	隋唐 碑誌												

松村明編(2006) 『大辞林』 三省堂(제3판) p.38

체(字体)를 거치면서 발달되어 왔다.

한자가 일본에 전래된 것은 3세기 말에서 4세기 무렵으로 한반도를 거쳐 전해졌다. 백제인을 통해 전해진 것으로 보이며, 전래 초기의 한자 사용자는 한반도에서 건너간 사람들[渡来人]이나 그 자손들이었던 것으로 생각된다.

1. 육서

중국에서는 후한(後漢)의 허신(許慎)이 『설문해자(説文解字)』(121년 성립)를 지어 한자 9,353자에 대한 고찰과 함께 한자의 구성법과 사용법을 다음과 같이 여섯 가지로 설명하였는데 이것을 육서(六書)라고 한다.

① 상형(象形) - 사물의 형태를 본떠서 만든 것. 日・月・人・馬 등

② 지사(指事) - 추상적인 의미를 기호화하여 나타낸 것. 上・下・本・末 등

③ 회의(会意) - 이미 존재하는 두 개 혹은 그 이상의 한자를 합성한 것. 信・明・林・森 등

④ 형성(形声) - 의미를 나타내는 부분인 의부(義符)와 발음을 나타내는 부분인 음부(音符)의 조합으로 구성된 것. 持・江・銅・遠 등

⑤ 전주(転注) - 본래의 의미에서 다른 의미로 전화(転化)되거나 새로운 의미가 파생되어 사용되는 것을 말한다. 長이라는 한자는 노인이 긴 머리를 휘날리며 서있는 모습을 나타낸 상형문자이다. '길다', '노인'이라는 의미였다. 후에 의미가 확대되어 '-장'이라는 의미를 포함하게 되었다. 行은 본래 '사거리', 즉 '길'이라는 의미였다. 여기에 '가다', '행하다', '줄'이라는 의미가 덧붙여져 사용되었는데 이것도 전주의 예이다.

⑥ 가차(仮借) - 같은 음 또는 유사한 음을 사용하여 전용한 것. 来는 본래 '호밀'을 나타내었는데 그것이 '오다'라는 뜻을 가진 동음의 동사로도 쓰이게 되었다. 또 고대 중국에서는 1인칭대명사를 나타내던 한자의 음과 본래 '창'이라는 의미였던 我의 발음이 같아서 我를 1인칭 대명사로 사용하게 된 것도 가차의 예이다.

2. 국자

한자는 중국에서 만들어진 문자를 가리키지만, 육서 중 형성이라는 조자법(造字法)이나 한자의 자체(字体)를 흉내내어 필요에 따라 일본 사회에서 만들어진 한자도 적지 않다. 그러한 글자도 넓게는 한자에 포함시키고 있으나 본래의 한자와 구분할 필요가 있을 때에는 국자(国字)라고 부른다.

〈국자 일람〉

杣 そま	峠 とうげ	嬶 かか	噺 はなし	叺 かます	夂 もんめ	匂 におう	凪 なぎ	凩 こがらし	凧 たこ	働 はたらく	俣 また	俤 おもかげ
榊 さかき	椛 もみじ	椙 すぎ	椚 くめぎ	梺 ふもと	栦 しきみ	桝 ます	桛 かせ	栃 とち	栂 とが	枠 わく	枡 ます	杢 もく
粁 キロメ-トル	簗 やな	簓 ささら	笹 ささ	硲 はざま	癪 しゃく	畠 はた	畑 はた	砘 トン	瓩 キログラム	燵 たつ	毟 むしる	樫 かし
躾 しつけ	襷 たすき	褄 つま	裃 かみしも	蛯 えび	膵 すい	腺 せん	縅 おどし	糎 センチメ-トル	糀 こうじ	粍 シリメ-トル	籾 もみ	粂 くめ
鯑 このしろ	魞 えり	颪 おろし	鞆 とも	鑓 やり	鍱 ブリキ	鋲 びょう	適 あっぱれ	迚 とても	辻 つじ	込 こむ	辷 すべる	軈 やがて
鴫 しぎ	鳰 にお	鰰 はたはた	鱚 きす	鱈 たら	鰊 こう	鰯 いわし	鯱 しゃち	鯲 どじょう	鯰 なまず	鰙 かずのこ	鯏 うぐい	鯒 こち
								麿 まろ	鶫 つぐみ	鵤 いかるが	鴇 とき	衙 ちどり

松村明編(2006)『大辞林』三省堂(제3판) p.39

3. 한자의 음과 훈

한자가 일본에 전래된 초기에는 중국어 발음에 가깝게 발음하였을 것이다. 그러나 점차 일본어의 음운체계에 맞춰서 일본어적인 발음으로 변화한다. 그렇게 한자 본래의 발음이 일본어화한 것을 한자의 음(音)이라고 하고, 자음(字音) 또는 한자음(漢字音)이라고도 한다.

한자 전래 초기에 한자로 적힌 것을 일본어로 이해하기 위해서 일본인은 한자 각각의 의미에 대응하는 일본어 단어를 생각해냈을 것이다. 즉 한자의 의미에 대응하는 일본어 번역어를 찾아내는 작업을 했을 것이다. 이 과정은 훈점본(訓点本)을 통해 확인할 수 있다. 훈점본에는 한문책 위에 가나를 적어 넣거나 어순을 바꾸는 부호 등을 기입하여 한문을 일본어로 번역하여 읽으려고 한 학문활동인 한문훈독(漢文訓読)의 과정이 드러나 있다. 이러한 한문훈독의 과정을 통해 한자와 일본어 어휘의 결합이 습관화되고 사회화되면서 그것은 번역어를 넘어 해당 한자의 독법으로 일본어에 정착하게 되었다. 그러한 개개의 한자에 결합된 고유일본어의 독법을 한자의 훈(訓)이라고 한다. 지쿤(字訓) 또는 와쿤(和訓)이라고도 한다. 훈에는 한 글자에 해당하는 것도 있지만 두 글자 이상의 한자와 결합된 훈도 있다. 「梅雨(ツユ), 七夕(タナバタ), 小豆(アズキ), 昨日(キノウ)」와 같은 예가 그것인데, 이러한 훈을 쥬쿠지쿤(熟字訓)이라고 한다.

4. 한자음

일본 한자음은 한자가 전래되고 수입된 시기나 경로에 따라 오음(呉音), 한음(漢音), 당음(唐音)과 같이 여러 층위가 있고 각각이 중층적으로 현대까지 계승되고 있다는 점이 특징적이다. 즉 새로운 음이 전해졌어도 이전에 사용되던 음을 모두 새로운 음으로 교체하지 않고 그 각각을 별개의 한자음으로 정착시켜 왔다.

오음은 스이코(推古) 시기(592-628)까지 백제를 경유하여 전해진 한자음으로 널리 일본에서 사용된 한자음 중 가장 역사가 깊다. 중국 남북조 시대 남조의 기반이었던 강남 오(吳)지방의 음이 불교와 함께 수용된 것이다. 따라서 불교 용어는 지금도 오음으로 읽는 예가 많다.

한음은 나라(奈良) 시대(710-794) 말부터 헤이안(平安) 시대(794-1192) 초기에 걸쳐서 당(唐)나라(618-907)에 갔던 승려 등에 의해 유입된 한자음이다. 수(隋)나라(581-619)와 당나라의 수도였던 장안(長安)을 중심으로 한 북방음에 바탕을 둔 음이다. 헤이안 초기에는 조정에 의해 한음이 장려되기는 하였으나, 오늘날과 같이 한음이 한자음으로서 일반화된 것은 그리 오래된 일은 아니고 에도(江戶) 시대(1603-1868) 유학 교육의 결과이다.

당음은 가마쿠라(鎌倉) 시대(1192-1333) 이후 선종의 승려나 상인들에 의해서 단편적으로 받아들여진 것으로 송(宋)나라(960-1279) 이후의 남방음에 유래한다. 오음이나 한음에 비해 당음으로 읽는 단어는 적다.

이밖에 관용음(慣用音)이라고 불리는 것이 있는데, 이상의 세 종류의 한자음에 속하지 않는 것을 일괄하는 호칭으로 관용음 중에는 오독(誤読)에 의한 것도 포함된다.

〈한자음 비교〉

한자	오 음	한 음	당 음
経	きょう	けい	きん
	経文 きょうもん	経験 けいけん	看経 かんきん
行	ぎょう	こう	あん
	修行 しゅぎょう	孝行 こうこう	行灯 あんどん
頭	ず	とう	じゅう
	頭脳 ずのう	頭角 とうかく	饅頭 まんじゅう

가나

일본어 음절을 적는 문자를 가나(仮名)라고 한다. 한자를 마나(真名)라고 한데 비해, 가나는 임시로 사용하는 글자라는 의미이다. 가나에는 만요가나(万葉仮名), 히라가나(平仮名), 가타카나(片仮名)가 있다. 이들은 모두 한자를 활용하여 만든 것이다.

1. 만요가나

만요가나(万葉仮名)는 고유한 문자가 없었던 일본에서 한자를 활용하여 일본어를 표기하던 방식으로 표기 원리는 한국의 이두와 유사하다. 즉 한자의 표의성(表意性)을 버리고 음독・훈독을 이용하여 표음적으로 일본어를 표기하는 방식으로 고안된 것이다. 헤이안 시대 이전의 표음문자로 이것을 자원(字源)으로 하여 히라가나・가타카나가 성립했다. 이것을 사용한 대표적인 문헌이 『만요슈(万葉集)』(759년 이후 성립)이기 때문에 이에 기인하여 만요가나라고 불리게 되었다.

초기에는 정식 한문 속에서 인명이나 지명 등 일본어 고유명사를 기록할 때 사용되었다. 이나리야마(稲荷山) 고분의 철검에서 인명(人名)을 만요가나로 적은 것이 발견되었다. 이 글씨는 471년에 새겨진 것으로 판명되었고 이것이 만요가나의 가장 오래된 예이다. 8세기 이후에는 지식인들 사이에 널리 보급되어 일반어휘에도 사용되게 되었다.

만요가나의 종류는 중국 한자음을 이용한 음가나(音仮名)와 훈을 이용한 훈가나(訓仮名)로 나뉜다. 먼저 음가나가 발달하고 훈가나는 그보다 늦게 사용되기 시작하였다. 음가나는 한 글자가 한 음절을 나타내는 것이 일반적이었으나 한 글자가 두 음절을 나타내는 경우도 생겨났다. 훈가나는 어떤 한자에 일정한 훈이 고정되어 다른 훈으로 잘못 읽힐 가능성이 없어지면서 표의적인 가나가 된 것이다. 훈가나 역시 한 글자가 한 음절을 나타내는 것이 일반적이기는 하였으나 그렇지 않은 경우도 많았다.

<만요가나 예>

종 류	음 절 수	용 례	
음가나	1자 1음절	由岐(ゆき:雪) 安米(あめ:雨)	波奈(はな:花) 必登(ひと:人)
	1자 2음절	兼(けむ:조동사)	鬱瞻(うつせみ:空蝉)
훈가나	1자 1음절	八間跡(やまと:大和)	名津蚊為(なつかし:懐かし)
	1자 2음절	夏樫(なつかし:懐かし) 忘金鶴(わすれかねつる:忘れかねつる)	
	2자 1음절	鳴呼(あ:감탄사)	
	2자 2음절	十六(しし:4×4)	
	3자 2음절	八十一(くく:9×9)	

위 표 아래쪽의 「十六(しし)」나 「八十一(くく)」와 같은 것은 다와 무레가키(戱書)라고 하는데 한자를 이용하여 재미있게 표현한 만요가나 용법이다. 숫자를 이용한 것 이외에도 동물의 울음소리를 이용한 것도 있는데, 예를 들어 「牛鳴」라고 적고 소 울음 소리인 「む」라고 읽거나, 「馬声」과 「蜂音」이라고 적고 각각 말 울음소리와 벌이 우는 소리인 「い」와 「ぶ」로 읽은 것이 그것이다.

〈가나의 발생과 변천〉

중국어로서의 한자·한문
⇩
음독·훈독
⇩
만요가나

한자의 초서화	한자의 약체화
⇩	⇩
히라가나	가타카나

2. 히라가나

히라가나(平仮名)는 주로 와카(和歌)나 쇼소쿠(消息)라는 편지 등을 쓰는 사적인 장에서 성립된 문자체계이다. 만요가나의 초서체에서 성립된 소가나(草仮名)를 더욱 간략하게 함으로써 탄생하게 되었다. 헤이안 시대 초기인 9세기에 성립된 것으로 생각된다. 히라가나는 홍법대사(弘法大師) 구카이(空海 774-835)가, 가타카나는 기비노마키비(吉備

真備 695?-775)가 만들었다고 알려져 왔다. 그러나 이것은 속설에 지나지 않고 지금은 어느 한 개인이 만든 것이 아니라 여러 사람의 손에 의해 만들어졌다고 보는 것이 일반적이다.

한자 및 만요가나를 오토코데(男手)라고 부른 데 비해, 히라가나는 온나데(女手)라고 하여 여성용 문자로 취급되었다. 「手」는 문자라는 의미이다.

처음에는 1음절에 대해서 그다지 다양한 자체(字体)를 쓰지 않았으나, 점차 헨타이가나(変体仮名)가 많아졌다. 그 결과『고킨와카슈(古今和歌集)』(905년 이전 성립)에서는 서예가의 미의식으로 인하여 가나 자체의 복잡한 변화를 추구하여 한 글자에 대해 여러 가지 글자체를 사용하고자 하였다. 또 가마쿠라 시대의 후지와라 노사다이에(藤原定家 1162-1241 데이카) 는 어두에 쓰는 가나, 행말에 쓰는 가나, 구가 나뉠 때 쓰이는 가나 등 의식적으로 글자체를 구분하여 사용하였다. 가마쿠라・무로마치(室町) 시대(1333-1603)가 되면 자체의 정리가 자연적으로 행해졌으며, 에도 시대에는 서민교육의 보급과 함께 이체자(異体字)도 감소한다. 현재 사용되는 히라가나 자체는 '1음절 1자체(字体)' 가 원칙으로 이것은 1900년에 「소학교령시행규칙개정(小学校令施行規則改正)」에 의해 정해진 것이다.

히라가나는 가타카나와 함께 각 글자가 1음절을 나타내는 음절문자이다. 히라가나의 종류는 48개인데 이로하노래 [いろは歌]가 성립되었을 무렵의 청음 47개에 헤이안 시대 중엽 새롭게 발음(撥音)을 나타내는 「ん」이 추가되었기 때문이다. 그 후 음운의 통합에 의해 발음의 변화가 일어나서 현대가나표기법 [現代仮名遣い]에서는 「ゐ」와 「ゑ」 두 글자를 사용하지 않게 되었으므로 46자(字)가 되었다.

히라가나의 자원(字源)을 표로 나타내면 다음과 같다. 현재 사용되고 있는 히라가나의 자원을 첫 번째에 나타내었다.

〈히라가나 자원표〉

문자	자원	문자	자원	문자	자원	문자	자원	문자	자원
あ	安阿愛惡	い	以意伊移	う	宇有雲右	え	衣江要得	お	於隱
か	加可閑我	き	幾支起貴	く	久具求九	け	計介遣氣	こ	己許古期
さ	左散佐斜	し	之志事新	す	寸須春數	せ	世勢瀬聲	そ	曽楚所
た	太多堂當	ち	知地千遲	つ	川津州徒	て	天帝轉傳	と	止東度登
な	奈那難南	に	仁尔耳二	ぬ	奴怒努沼	ね	祢根年	の	乃能農濃
は	波者八盤	ひ	比日悲飛	ふ	不布婦風	へ	部遍篇倍	ほ	保本奉報
ま	末万萬滿	み	美見三微	む	武無舞无	め	女免面馬	も	毛母裳
や	也耶夜屋			ゆ	由遊喩			よ	与余世夜
ら	良羅蘭	り	利里梨理	る	留流類累	れ	礼連	ろ	呂路露侶
わ	和王倭輪	ゐ	爲井遺居			ゑ	惠衛	を	遠乎越
ん	无								

3. 가타카나

　가타카나(片仮名)는 헤이안 시대 초기, 승려들이 불경을 읽으면서 행간에 메모를 하기 위해 만요가나의 획을 생략하여 글자의 일부만 적어서 부호적으로 사용한 것에서 시작되었다. 헤이안 시대 초기에는 한문을 일본어로 번역하여 읽는 한문훈독(漢文訓読) 방식이 일반화되었고, 그를 위해 한자 위에 점이나 선 등으로 속기적으로 적어넣는 부호인 오코토텐(ヲコト点)이 나라 지방의 사원에 속한 승려 사이에 사용되기 시작하였다. 또한 한자에 대한 일본어 독법을 기입하기도 하고 음독이나 훈독을 지시하는 부호 등을 사용하기도 하였는데 이를 군텐(訓点)이라고 한다. 군텐 기입 초기에는 히라가나와 가타카나가 모두 사용되었으나 11세기 이후에는 직선적인 가타카나만이 사용된다.

　곡선적인 히라가나에 비해 가타카나는 직선의 조합을 특징으로 하고 있다. 가타카나는 10세기 경에는 하나의 문자체계로 인정받게 되었고, 한문훈독의 세계에서 벗어나 문자로서 독립하여 사회적으로도 통용되기 시작했다. 가마쿠라 시대 이후 가타카나의 세력은 더욱 확대되어 설화나 군기물(軍記物) 등 가타카나로 쓰인 작품도 다수 등장하게 되었다. 이 시기에도 가타카나의 사용자는 변함없이 승려와 학자가 중심이었으나 일반 서민도 문자를 사용하여 소송장 같은 것을 가타카나로 작성하게 되었다. 에도 시대에는 이체자(異体字)가 거의 없어지면서 현재와 동일한 자체로 정돈되었고, 1900년에 공포된 「소학교령시행규칙개정(小学校令施行規則改正)」에 의해서 가타카나 자체는 현재 통용되고 있는 것으로 확정되었다.

　현재 사용되고 있는 가타카나의 자원(字源)을 나타내면 다음과 같다. 첫 번째 것이 현재 사용되고 있는 글자의 자원이다.

〈가타카나 자원표〉

문자	자원	문자	자원	문자	자원	문자	자원	문자	자원
ア	阿安	イ	伊以	ウ	宇有	エ	江衣延	オ	於
カ	加何可	キ	幾支岐 木寸	ク	久九口	ケ	介計 希氣	コ	己古
サ	散左佐	シ	之志	ス	須受寸	セ	世	ソ	曽
タ	多太他	チ	千知	ツ	州川津	テ	天弖	ト	止刀
ナ	奈那	ニ	二尓尼	ヌ	奴	ネ	祢子根	ノ	乃
ハ	八半波 法羽	ヒ	比	フ	不	ヘ	部	ホ	保
マ	末万	ミ	三見 美未	ム	牟武	メ	女	モ	毛
ヤ	也			ユ	由			ヨ	与
ラ	良	リ	利	ル	流留	レ	礼例	ロ	呂
ワ	和輪王	ヰ	井為			ヱ	恵	ヲ	乎
ン	√와 같은 상징적인 기호에서 발달								

4. 이로하노래와 오십음도

1) 이로하노래

이로하노래[いろは歌]는 당시에 사용되던 가나 47자를 반복하지 않고 각각 한 번씩만 사용하여 7·5조 4구(句)로 만든 노래이다. 불교 의 무상관을 담은 운문으로서 가사의 내용도 뛰어나고 성립 당시에 존재한 가나가 모두 한 번씩 사용되고 있어서 당시의 일본어 음운 일 람표라는 점에서 의미가 있다. 11세기 경 불교 승려에 의해 만들어진

것으로 생각된다. 에도 시대 이전까지는 가나문자의 순서는 이로하노
래에 의해 나타내는 것이 일반적이었다.

다음은 이로하노래의 전문을 나타낸 것이다. 원문은 히라가나로
왼쪽에 나타내고 오른편에는 의미에 따라 한자와 가나를 혼용하여
나타내었다.

〈이로하노래〉

いろはにほへと	ちりぬるを	色は匂へど	散りぬるを
わかよたれそ	つねならむ	我が世誰ぞ	常ならむ
うゐのおくやま	けふこえて	有為の奥山	今日越えて
あさきゆめみし	ゑひもせす	浅き夢見じ	酔ひもせず

이로하노래가 실려 있는 가장 오래된 문헌은 1079년에 필사(筆写)
된 『곤코묘사이쇼오쿄온기(金光明最勝王経音義)』이다. 이로하노래가 만
요가나로 적혀 있으며 성점(声点)을 찍어 악센트를 나타내고 있다.

2) 오십음도

오십음도(五十音図)는 일본어의 박(拍) 일람표라고 불릴 만한 것으
로, 박의 구조에 따라서 자음이 공통되는 박을 세로 10자(字), 즉 10
행(行)으로 나타내고, 모음이 공통되는 박을 가로 5자(字), 즉 5단(段)
으로 나타낸 다음과 같은 표이다.

〈성립 당시의 오십음도〉

ワ	ラ	ヤ	マ	ハ	ナ	タ	サ	カ	ア
ヰ	リ	イ	ミ	ヒ	ニ	チ	シ	キ	イ
ウ	ル	ユ	ム	フ	ヌ	ツ	ス	ク	ウ
ヱ	レ	エ	メ	ヘ	ネ	テ	セ	ケ	エ
ヲ	ロ	ヨ	モ	ホ	ノ	ト	ソ	コ	オ

이로하노래가 가나를 망라해서 7·5조(調)의 훌륭한 노래형식으로 배열된 것인데 반해서, 오십음도는 옛날 오음(五音) 혹은 오음도(五音図)라고 불렸던 것에서도 알 수 있듯이 음운론적인 인식 위에서 가나를 조직적으로 배열한 박의 체계표 형태를 취하고 있고 가나의 종류도 모두 나타내고 있다.

오십음도는 행에 자음을 취하고 단에 모음을 취하였는데 이러한 자음·모음의 배열에 나타나는 구성 원리는 극히 조직적이며 기억하는데 편리하고 일본어의 음운에 대한 인식이나 이해를 높이는데 도움이 된다. 또한 음운변화나 동사의 활용, 어형의 교체 등 여러 가지 언어현상을 설명하는데 유효하기 때문에 널리 이용되어 왔다.

오십음도의 성립시기, 작자, 그리고 제작원리에 관해서는 명확하게 밝혀지지 않았다. 이로하노래와 거의 같은 시기인 10세기 중엽에서 11세기에 성립된 것으로 추정되고 있다.

오십음도가 실려있는 현존하는 가장 오래된 자료는 다이고지(醍醐寺)에 소장되어 있는 『구자쿠쿄온기(孔雀経音義)』이다. 1004년에서 1028년 사이에 필사된 책으로 알려져 있다. ア행과 ナ행이 빠져있고 각행은 「キ·コ·カ·ケ·ク」의 순서로 되어 있다. 이렇게 초기의 오십음도는 현재의 것과 행이나 단의 순서가 일치하지 않고 「オ」와 「ヲ」의 위치가 바뀌어 있기도 하였으나 에도 시대에는 지금의 것과 동일해졌다. 오십음도라는 명칭은 게이추(契沖 1640-1701)의 『와지쇼란쇼(和字正濫抄)』(1695년 성립)에서 비롯되었다.

오십음도의 가나 종류는 이로하노래와 마찬가지로 47자(字)이며 3종류의 가나가 두 군데에 중복해서 나타난다. 그 중 ア행과 ヤ행의 「イ」와, ア행과 ワ행의 「ウ」는 본래 일본어에서는 음운으로서의 구별이 없기 때문에 동일한 가나 「イ」와 「ウ」가 해당 부분에 중복해서 등장하고, 또 ア행의 [e]와 ヤ행의 [je]의 음운론적 대립도 오십음도가 성립했을 무렵에는 이미 없어졌기 때문에 「エ」가 두 군데에 나타난다.

오십음도는 메이지(明治) 시대(1868-1912)가 되면 소학교 국어교육의 학습교재로서 받아들여지고, 또 이로하 순서를 대신하여 오십음도순 혹은 アイウエオ순이라고 불리면서 널리 활용되게 되었다. 현재 오십음도는 현대일본어에서 쓰이지 않는 문자를 공란으로 비워두고 발음(撥音) 「ん」을 추가하여 나타내는 것이 일반적이다.

표기

제4절

1. 가나표기법

1) 가나표기법의 기원

가나표기법[仮名遣い]라는 용어는 넓게는 표음문자인 가나를 사용하여 일본어를 표기할 때의 가나 사용 실태를 가리킨다. 예를 들어 상대특수가나표기법[上代特殊仮名遣い]은 만요가나의 사용 실태에서 가나를 어떻게 구분하여 사용하였는가를 파악하여 정리한 것으로 이것은 넓은 의미의 가나표기법이다. 이에 비해 현대가나표기법[現代仮名遣い]이나 역사적가나표기법[歴史的仮名遣い]과 같은 것은 일정한 원칙에 의해 가나를 구분하여 사용할 것을 제시한 규범이므로 좁은 의미의 가나표기법이라고 할 수 있다.

10세기 중엽에는 음운체계에서 ア행의 [e]와 ヤ행의 [je]의 구별이 없어졌다. 따라서 그 때까지 48개였던 청음이 47개가 되었다. 이로하노래에 사용된 가나 문자의 종류는 이 무렵의 47종의 음절과 대응한다. 가나가 성립한 10세기 경부터 이로하노래가 만들어진 시기에 걸쳐서는 가나의 종류도 발음에 대응하고 있었기 때문에 발음대로 쓰면 되었고 그러한 의미에서는 규범으로서의 가나표기법은 필요하지 않았다고 할 수 있다. 그러나 시대가 흐름에 따라 점차 음운변화가 진행되어 그때까지 구별되었던 음절 사이에 혼동이 보이고 결국 하나로 통합되는 음절이 생겨났다. ハ행전호음(ハ行転呼音)으로 인하여 ワ행음으로 발음하게 된 음절과 본래 ワ행이었던 음절 사이의 표기의 혼란 등이 그것이다. 그로 인해 그때까지 습관적으로 사용하던 가나 철자와 변화가 일어난 이후의 음절 사이에 차이가 나타나게 되었다. 음절이 통합되어 발음이 같아졌는데도 불구하고 이전의 관습에 따라 별도의 가나로 표기해야 하므로 이전 기준을 모르면 가나 표기를 제대로 할 수 없는 혼란이 생기게 되었다. 이와 같이 가나 문자체계와 음운체계 사이에 갭이 생기게 되면 가나를 어떻게 표기할 것인가에 대한 기준이 필요해진다. 이에 일정한 방침을 정하여 가나를 구분하여 표기할 수 있도록 기준을 정하고 이 기준에 의해 규범성을 담보하게 되는 것이 좁은 의미의 가나표기법이다.

2) 데이카가나표기법

10세기경 발생한 음운변화로 인해 「オ・ヲ」, 어중어미의 「イ・ヰ」와 「エ・ヱ」, 어중어미의 「ハ・ヒ・フ・ヘ・ホ」와 「ワ・ヰ・ウ・ヱ・ヲ」가 혼용되게 되었다. 가마쿠라 시대에는 이러한 문제가 더욱 심각해졌다. 이에 시인이면서 고전학자였던 후지와라노사다이에(藤原定家 1162-1241 데이카)가 『게칸슈(下官集)』(1217-1221년 성립)라는 책의 「嫌文

字事」라는 부분에서 가나표기법을 제시하였다. 음운 변화에 관한 「を·お·え·へ·ゑ·ひ·ゐ·い」의 8개 항목에 대해 60여 단어를 실례로 들어 해당 단어를 표기할 때 사용해야 할 가나를 제시한 것이다. 이것을 데이카가나표기법[定家仮名遣い]이라고 부른다. 이것은 후지와라노 사다이에, 즉 데이카가 독자적으로 만든 것은 아니고 이전의 문헌을 참고로 한 것이다. 데이카가 제시한 원칙의 하나는 「オ」와 「ヲ」의 표기는 악센트의 차이에 따라서 「をみなへし」 등의 고평조(高平調)의 [wo]로 시작하는 단어는 「ヲ」로 표기하고, 「おく山」와 같이 저평조(低平調)의 [wo]로 시작하는 단어는 「オ」로 표기한다는 것이었다.

데이카의 설은 교아(行阿 생몰년미상)가 편찬한 『가나모지즈카이(仮名文字遣)』(1363년 이후 성립)라는 책에서 더욱 상세하게 설명되었다. 데이카의 가나표기법은 와카(和歌)나 고전을 연구하는 사람들 사이에 확산되었는데 이것은 중세 운문의 세계에서 데이카가 지니고 있던 권위에 힘입은 것이라고 할 수 있다.

3) 역사적가나표기법

에도 중기 오사카의 국학자 게이추(契沖 1640-1701)는 『만요슈』, 『니혼쇼키(日本書紀)』(720년 성립), 『고지키(古事記)』(712년 이전 성립) 등을 연구하면서 문헌에 나타난 가나 용법이 당시 행해지고 있던 데이카가나표기법과 다르다는 것을 알게 되었다. 이에 게이추는 나라 시대와 헤이안 시대의 문헌을 실증적으로 널리 조사하였다. 그 결과 미나모토노시타고(源順 911-983)가 편찬한 『와묘루이주쇼(和名類聚抄)』(931-938 년경 성립)를 기점으로 그 이전의 문헌에는 단어마다 반드시 일정한 가나 사용법이 있어서 혼란이 없었으나 그 이후에는 가나 사용에 혼란이 생겼다는 것을 밝혔다. 그에 따라『와지쇼란쇼(和字正濫抄)』(1693년 성립 1695년 간행) 5권을 통해 새로운 표기법을 주장하였는데 이것이 게이추 가나표기법[契沖仮名遣い]이다.「和字」는 가나를 가리키고「正濫」이란 혼란해진 용법을 바로잡는다는 의미이다. 이 게이추가나표기법은 제 2 차 세계대전 이전까지 사용되었던 역사적가나표기법[歷史的仮名遣い] 의 기초가 되었다.

그 후 국학자 이시즈카 다츠마로(石塚竜麿 1764-1823)는 나라 시대 문헌에서는「エ・キ・ケ・コ・ソ・ト・ヌ・ヒ・ヘ・ミ・メ・ヨ・ロ」 의 13개 가나(古事記는「チ・モ」포함 15개)에 2종류가 사용되었음을 『가나즈카이오쿠노야마미치(仮名遣奥山路)』(1798년경 성립)를 통해 밝 혔다. 또 오쿠무라 데루자네(奥村栄実 1792-1843)는『고겐에에벤(古言 衣延弁)』(1829년 성립)에서 10세기 이전의 문헌에서는 ア행의「エ」와 ヤ행의「エ」를 구별하고 있었다는 것을 밝혔다.

한자음을 가나로 어떻게 표기할 것인가도 중요한 문제가 아닐 수 없다. 한자음 표기법을 본격적으로 연구한 것은 국학자 모토오리 노 리나가(本居宣長 1730-1801)로『지온가나즈카이(字音仮字用格)』(1776년)에 서 중국의 운서(韻書)인『운경(韻鏡)』(1161년 초판 간행)에 의거하여 한 자음의 표기법을 제시하였다.

4) 현대가나표기법

게이추 이후의 역사적가나표기법은 현대어의 발음과 일치하지 않 는 점이 많았기 때문에 다이쇼(大正) 시대(1912-1926) 말기부터 표음적 가나표기법 안이 검토되었다. 그것을 기초로 하여 1946년 국어심의 회가 현대일본어를 가나로 표기할 때 기준이 되는「現代かなづかい」를 제시하였고, 이것이 교과서, 신문, 매스컴 등에서 널리 사용되게 되었다. 이 가나표기법은 현대의 발음에 기초한 표음주의를 기본으로 하지만 조사 「は」「を」「へ」의 표기 등 부분적으로는 역사적가나표기법의 영향이 남아있는 곳도 있다.

그 후 1986년에는 1946년의 「現代かなづかい」를 소폭 개정한 「現代仮名遣い」가 공포되어 현재까지 사용되고 있다.

2. 상용한자

한자의 총수는 5만자를 넘고 자체(字体)도 또한 다양하다. 게다가 일본어에는 음독과 훈독이 있고 그것이 2종 이상인 경우도 적지 않다. 따라서 한자, 특히 일본어에서 활용되는 문자로서 한자를 기억하고 활용하기 위해서는 상당한 학습이 필요하다. 이에 메이지 시대에 들어와서 한자 사용에 대해 논쟁이 일어났는데 한자 사용을 제한해야 한다는 제한론과 완전히 폐지하자는 전폐론이 그것이다. 한자 전폐론의 경우 가나전용 혹은 로마자전용을 주장하기도 하였고 그밖에 새로운 문자를 만들자는 견해도 제기되었다.

마에지마 히소카(前島密 1835-1919)는 「漢字御廃止之義」(1866년)를 제출하여 한자 폐지를 주장했다. 한자어까지 폐지하자는 것은 아니고 일상화한 한자어는 가나로 쓰면 된다는 것이었다. 후쿠자와 유키치(福沢諭吉 1835-1901)도 『모지노오시에(文字之教)』(1873년)을 통해 한자는 2천자나 3천자면 충분하다는 생각을 표명했다. 또 야노 후미오(矢野文雄 1851-1931)도 『니혼분타이모지신론(日本文体文字新論)』(1886년)에서 한자를 3천자로 줄일 것을 주장했다.

일본의 국어교육에서는 1900년의 소학교령(小学校令)으로 한자가 1,200자로 제한되었지만 1907년에 소학교령이 개정되어 이 규정은 삭제되었다. 의무교육이 4년에서 6년으로 연장되어 제 2회 국정독본(国定読本)에서 지도해야 할 한자수는 1,360자가 되었다.

1923년 임시국어조사위원회가 발표한 상용한자(常用漢字)는 1,962자였다. 1942년에는 국어심의회가 표준한자 2,528자를 제시했고, 문부성은 이것을 기초로 의무교육에서 습득해야할 한자 2,669자를 지정했다.

1945년 8월 이후 언어에 대한 개혁이 행해졌는데 한자에 대해서도 1946년에 당용한자(当用漢字) 1,850자가 공포되었다. 이것은 일상생활에서 사용하는 한자의 범위를 제시한 것이다. 다시 1981년에 내각고시에 의해 상용한자 1,945자가 공포되었다. 이것은 현대일본어를 표기하기 위한 한자 사용의 기준을 제시한 것으로 당용한자에 비해 제한이 완화되었다고 볼 수 있다. 이후 2010년에 이전 사용한자에 196자를 추가하고 5자는 삭제하여 총 2,136자의 새 상용한자표를 고시하였다.

3. 로마자 표기법

일본에 처음으로 로마자를 전해준 것은 무로마치 시대 말기의 포르투갈 선교사였다. 그들은 포교를 위해 일본어를 학습하고 포르투갈어에 기초한 로마자 표기법을 고안했다. 에도 막부의 기독교 금지령 이후로는 네덜란드인이나 네덜란드의 학문을 연구하는 학자들이 네덜란드어에 기초한 로마자 표기법을 사용하였다. 에도 말기 이후에서양 여러 나라와 접촉한 결과 로마자도 확산되어 독일식, 프랑스식의 표기법이 행해지기도 하였다. 미국인 선교사 헵번(J.C.Hepburn 1815-1911)은 영어식 로마자 표기법으로 표제어를 나타낸『와에이고린슈세이(和英語林集成)』(1867년 초판)를 간행하였다. 1885년에 구성된 로마자회(羅馬字会)는 발음에 따라 자음자를 영어식으로, 모음자를 이탈리아식으로 표기하는 방식을 발표했다. 이것이 헵번의『와에이고린슈세이(和英語林集成)』제3판(1886년)에 채용되어 일반적으로 헵번식이라고 불린다.

이에 대해 다나카다테 아이키츠(田中館愛橘 1856-1952)는 1885년 오십음도에 기초한 표기법을 제창했는데 이것을 일본식(日本式)이라고 부른다. 그 후 1937년에 임시 로마자조사회가 설치되어 내각훈령으로 훈령식(訓令式)이 공포되었다. 대부분 일본식에 기초하여 완성되었다.

〈훈령식·일본식·헵번식 로마자표기법 대조표〉

ア行	a	i	u	e	o			
カ行	ka	ki	ku	ke	ko	kya	kyu	kyo
	[kwa]*							
サ行	sa	si	su	se	so	sya	syu	syo
		〈shi〉				〈sha〉	〈shu〉	〈sho〉
タ行	ta	ti	tu	te	to	tya	tyu	tyo
		〈chi〉	〈tsu〉			〈cha〉	〈chu〉	〈cho〉
ナ行	na	ni	nu	ne	no	nya	nyu	nyo
ハ行	ha	hi	hu	he	ho	hya	hyu	hyo
			〈fu〉					
マ行	ma	mi	mu	me	mo	mya	myu	myo
ヤ行	ya		yu		yo			
ラ行	ra	ri	ru	re	ro	rya	ryu	ryo
ワ行	wa			[wo]*				
ガ行	ga	gi	gu	ge	go	gya	gyu	gyo
	[gwa]*							
ザ行	za	zi	zu	ze	zo	zya	zyu	zyo
		〈ji〉				〈ja〉	〈ju〉	〈jo〉
ダ行	da	zi	zu	de	do	zya	zyu	zyo
		[di]	[du]			[dya]	[dyu]	[dyo]
		〈ji〉				〈ja〉	〈ju〉	〈jo〉
バ行	ba	bi	bu	be	bo	bya	byu	byo
パ行	pa	pi	pu	pe	po	pya	pyu	pyo

훈령식을 기준으로 하였다. 〈 〉안은 헵번식이고, [ ]안은 일본식을 나타낸다. [ ]*은 일본식 중에서 특정한 단어에 이용되는 것이다.

日本語教育学会編(1991)『日本語教育事典』大修館書店 p.506 참조

4. 외래어 표기법

일본어에 존재하는 외래어 및 외국의 인명과 지명 등을 일본어로
표기하기 위해 마련된 것이 외래어 표기법이다. 외래어는 가타카나로
표기하는 것이 원칙이다. 1992년 내각고시에 의해 「外来語の表記」가
공포되었다. 가나를 음과 대응하도록 한다는 입장을 취하면서도 관용
적인 표기를 중시하는 태도도 견지하고자 하였다. 第1表는 일반적인
가나 표기를 제시한 것이고, 第2表는 원음에 가깝게 나타내는 경우의
가나 표기를 제시하고 있다.

〈외래어 표기에 사용하는 가나와 부호〉

第 1 表									
ア	イ	ウ	エ	オ				シェ	
カ	キ	ク	ケ	コ				チェ	
サ	シ	ス	セ	ソ					
タ	チ	ツ	テ	ト	ツァ			ツェ	ツォ
ナ	ニ	ヌ	ネ	ノ		ティ			
ハ	ヒ	フ	ヘ	ホ	ファ	フィ		フェ	フォ
マ	ミ	ム	メ	モ				ジェ	
ラ	リ	ル	レ	ロ		ディ			
ワ							デュ		
ガ	ギ	グ	ゲ	ゴ					
ザ	ジ	ズ	ゼ	ゾ					
ダ			デ	ド					
バ	ビ	ブ	ベ	ボ					
パ	ピ	プ	ペ	ポ	**第 2 表**				
キャ		キュ		キョ				イェ	
シャ		シュ		ショ		ウィ		ウェ	ウォ
チャ		チュ		チョ	クァ	クィ		クェ	クォ
ニャ		ニュ		ニョ		ツィ			
ヒャ		ヒュ		ヒョ			トゥ		
ミャ		ミュ		ミョ	グァ				
リャ		リュ		リョ			ドゥ		
ギャ		ギュ		ギョ	ヴァ	ヴィ	ヴ	ヴェ	ヴォ
ジャ		ジュ		ジョ			テュ		
ビャ		ビュ		ビョ			フュ		
ピャ		ピュ		ピョ			ヴュ		
ン(撥音)									
ッ(促音)									
ー(長音符号)									

앞의 第2表에 의한 외래어 표기의 예를 아래에 들기로 한다. 이들 단어는 第1表에 의한 표기도 인정된다. 第1表에 의한 표기를 ( )에 넣어 함께 나타내기로 한다.

예루살렘	イェルサレム	(エルサレム)
위스키	ウィスキー	(ウイスキー)
콰르텟	クァルテット	(クアルテット)
힌두교	ヒンドゥー教	(ヒンズー教)
바이올린	ヴァイオリン	(バイオリン)
튜바	テューバ	(チューバ)
인터뷰	インタヴュー	(インタビュー)

5. 오쿠리가나와 후리가나

1) 오쿠리가나

단어를 표기할 때 「行く」, 「楽しい」와 같이 단어의 주요 부분을 한자로 쓰고 그 한자의 독법을 나타내기 위해 단어 뒷부분을 가나로 쓴 경우 그 가나를 오쿠리가나(送り仮名)라고 한다. 한문훈독에서 한자에 동사나 조동사의 활용부분을 기입하던 것에서 발달하였다.

에도 시대에는 스테가나(捨て仮名)라고도 했으며 메이지 시대에는 소에가나(添え仮名)라고도 불렸다. 메이지 시대 초기에는 「例ヘバ」, 「即チ」와 같이 가타가나로 작게 표기하여 한자가나혼용문(漢字仮名まじり文)으로 쓰인 학습서, 계몽서에 사용되었다. 그러나 이러한 방법은 활자인쇄의 보급과 더불어 쇠퇴하였다. 현재는 1973년 내각고시를 통해 공포된 「送り仮名の付け方」를 기준으로 행해지고 있다(1981년 일부 개정).

2) 후리가나

한자 옆이나 위에 작은 글씨로 적어서 읽는 법을 나타낸 가나를 후리가나(振り仮名)라고 한다. 일반적으로 세로쓰기에서 본문의 우측에 적지만 그것과는 다른 독법을 좌측에 함께 적는 일도 있다. 후리가나는 오쿠리가나와 마찬가지로 한문훈독의 과정에서 생겨났다. 즉 한문을 훈독할 때 한자의 독법을 해당 한자 옆에 적는 일이 있었는데 후리가나는 이에 기인한 것이다. 무로마치 시대 후기에는 헤이케모노가타리(平家物語)의 필사본 등, 한자가나혼용문에도 후리가나가 사용되었다. 메이지 초기에는 가타가나, 히라가나 모두 후리가나에 사용되었고 어린이나 부녀자들을 대상으로 한 문장에 주로 이용되었다.

후리가나는 쓰케가나(つけがな)라고 불리기도 했으며 루비(ルビ)라고 부르기도 한다. 이는 인쇄용어에서 후리가나용 작은 활자를 루비라고 부르는 것에 기인한 것이다.

6. 보조부호

1) 탁점과 반탁점

탁점(濁点)의 기원은 훈점에 사용되었던 성점(声点)에 있다. 한자에 성점을 찍을 경우 청음에는 「·」혹은 「o」의 단점을 찍고, 탁음에는 「··」나 「oo」등의 쌍점을 찍어서 나타내었는데 이것이 가나에도 영

향을 미치게 되었다. 그러나 보통의 표기에서 「カ」와 「ガ」, 「か」와 「が」 등 탁점의 유무를 정확하게 구분하는 습관이 일반화된 것은 에도 시대 전기인 17세기 무렵이다.

「ハ」와 「パ」 등을 구별하는 반탁점(半濁点)은 크리스찬자료[キリシタン資料]의 하나인 『라쿠요슈(落葉集)』(1598년)에 「しつぽう(七宝)」라고 표기된 것이 현재 확인할 수 있는 가장 이른 예이다.

2) 반복부

같은 문자가 반복될 때 반복되는 문자 대신에 사용되는 부호를 반복부[くりかえし符号]라고 한다. 주텐(重点), 오도리지(踊り字), 조지(畳字), 한뿌쿠후고(反復符号)라고도 부른다. 「ゝ, ゞ, ヽ, ヾ, 々, ゛, く, ぐ」와 같은 것이 있다. 「ゝ」는 히라가나 한 글자 반복에 사용하고, 「ヽ」는 가타카나 한 글자 반복에 사용한다. 탁음가나에는 각각 「ゞ」과 「ヾ」이 사용된다. 「々」과 「ゝ」는 예전에는 한자와 가나 모두에 사용했으나 후에는 한자 반복에만 사용되게 되었다. 「く」과 「ぐ」는 세로로 길게 늘여 쓴 것으로 세로 쓰기에서 두 글자 이상의 반복에 사용하며 각각 어두가 청음일 때와 탁음일 때 사용한다. 현대 일본어 표기에서는 「々」를 제외하고는 거의 사용하지 않게 되었다.

3) 구두점

구두점(句読点)은 문장어에서 문장의 구조나 어구와 어구의 관계를 명확히 하고 내용을 정확하게 전달하기 위해 사용된다. 하나의 문장이 끝난 것을 나타내는 것이 구점(句点)이고, 문장 성분이 바로 뒤의 성분을 수식하지 않을 때 끊어지는 것을 나타내는 것이 두점(読点)이다. 구점은 「。」, 두점은 「、」 혹은 「, 」이 사용된다. 넓게는 「・」(가운데 점), 「？」(의문부호), 「！」(감탄부호) 등도 포함된다.

구두점은 헤이안 시대에 한문훈독에 사용되었던 군텐(訓点)의 하나로 구(句)나 문장이 나뉘는 부분에 「、」 등의 부호를 찍었던 것에서 시작되었다. 한문에는 본래 구두점이 없으나 문장을 이해해가는 과정에서 문장과 문장의 구분 등을 확인하기 위해 붉은 색으로 점을 찍어 나타내던 것이 발달한 것이다.

일반 문장에서 적극적으로 구두점을 사용하게 된 것은 1887년 이후이며 모든 문장표기에 현재와 같이 구두점을 사용하게 된 것은 쇼와(昭和) 시대(1926-1989)부터이다.

연 습 문 제

1. 한자의 구성법인 육서(六書)에 대해 예를 들어 설명하세요.

2. 국자(国字)란 무엇인지 설명하고 예를 들어 보세요.

3. 일본어에서 사용되는 대표적인 한자음 세 종류에 대해 설명하세요.

4. 히라가나의 성립에 대해 설명하세요.

5. 가타카나의 성립에 대해 설명하세요.

6. 오십음도의 발생과 변천에 대해 설명하세요.

7. 가나표기법이 생겨난 이유에 대해 생각해봅시다.

8. 가나표기법의 변천을 더듬어 봅시다.

9. 로마자 표기법의 종류에 대해 알아봅시다.

10. 현대가나표기법에서 사용하는 보조부호에 대해 알아봅시다.

참고문헌

大矢透編(1909)『仮名遣及仮名字体沿革史料』国定教科書販売所(勉誠社 1969)

大野晋・柴田武編(1977)『岩波講座 日本語8 文字』岩波書店

沖森卓也(2003)『日本語の誕生 古代の文学と表記』吉川弘文館

沖森卓也他(2006)『図解日本語』三省堂

石井久雄他(2002)『日本語の文字と表記-研究会報告論集-』国立国語研究所

小林芳規(1988)『図説日本の漢字』大修館書店

国語学会編(1980)『国語学大辞典』東京堂出版

笹原宏之(2006)『日本の漢字(岩波新書)』岩波書店

佐藤喜代編(1977)『国語学研究書典』明治書院

武部良明(1981)『日本語表記法の課題』三省堂

武部良明(1991)『文字表記と日本語教育』凡人社

築島裕(1983)『歴史的仮名遣い-その成立と特徴』(中公新書) 中央公論社

日本語教育学会編(1991)『日本語教育事典』大修館書店

沼本克明(1997)『日本漢字音の歴史的研究　体系と表記をめぐって』汲古書院

橋本進吉(1949)『橋本進吉博士著作集3 文字及び假名遣の研究』岩波書店

前田富棋(1992)『国語文字史の研究1』和泉書院

前田富棋・野村雅昭(2003-2006)『朝倉漢字講座1-5』朝倉書店

한미경・권경애・오미영(2006)『일본어의 역사』제이앤씨

제4장
어휘

단어와 어휘

단어는 언어의 가장 기본적인 단위로 일정한 형태와 의미를 가지는데, 어떤 일정한 범위 내에서 사용되는 단어의 집합(총체)을 어휘(語彙)라고 한다. 여기서 말하는 일정한 범위란 특정의 언어·시대·지역·작품·개인·사용 장면 등에 따른 다양한 것을 생각할 수 있다. 예를 들면 일본어의 어휘, 헤이안(平安) 시대(794-1192)의 어휘, 홋카이도방언의 어휘, 겐지모노가타리(源氏物語)의 어휘, 나츠메소세키(夏目漱石)의 어휘, 구어체(口語体)의 어휘 등이 바로 그것이다.

어휘에 체계가 있는지가 자주 문제시 되어 왔다. 또한 어휘를 어느 정도 체계적 존재라고 인정하는 입장이 있으나 그 체계성은 음성·음운, 문법에 비해 매우 느슨하고 복잡하여 체계적인 파악이 결코 쉽지 않다. 어떤 언어의 음성조직에 익숙해지는 것과 문법구조를 체득하는 것이 유아기부터 자연스럽게 무의식적으로 완전히 습득되는 것과는 달리 어휘의 습득과 증가는 일생 계속된다고 한다. 모어 화자의 경우가 그렇다고 한다면 외국어로서의 일본어교육에서는 더욱더 일본어의 어휘 학습에 대한 필요성이 강조되어 마땅하며 일본어 어휘의 실태와 특징에 대해 주목할 필요가 있을 것이다.

어휘량과
어휘조사

제2절

1. 어휘량

어휘량은 어떤 주어진 범위 내에서 사용된 단어의 총량을 말한다. 미야지마 다츠오(宮島達夫)의 「고전문학작품 어휘량 조사」(1971년)에 따르면 『겐지모노가타리(源氏物語)』가 11,423 단어, 『만요슈(万葉集)』가 6,505 단어, 『마쿠라노소시(枕草子)』가 5,247 단어 순이다. 『겐지모노가타리』가 『마쿠라노소시』의 2배정도의 어휘량으로 쓰여졌음을 알 수 있다.

이와 같이 특정 작품을 사용해서 어휘량을 조사하는 것은 상대적으로 용이하지만 현대일본어에서 사용되고 있는 어휘량을 추정하는 것은 그리 간단하지 않다. 일본 국립국어연구소(国立国語研究所)가 조사한 각종 어휘조사 보고에 따르면 현대일본어에서 성인이 사용하고 있는 어휘량은 4만~5만이라고 하는데 여기에는 당연히 개인차이도 있다.

2. 사용어휘와 이해어휘

일본어 어휘는 수십만 어가 되는데 실제로 말하거나 쓰거나 할 때 사용할 수 있는 어휘를 사용어휘(使用語彙)라 하고, 듣거나 읽거나 할 때 의미는 이해할 수 있지만 실제로 자신의 언어생활에서는 사용하지 않는 어휘를 이해어휘(理解語彙)라 한다. 이해어휘는 사용어휘보다 많아 공통어에서 성인 일본인의 경우 약 4만 단어이고, 사용어휘는 그 3분의 1정도로 추정되고 있다.

3. 기본어휘와 기초어휘

어떤 일정 범위내의 어휘 중에서도 언어생활을 영위하는 데 기본적으로 필요한, 즉 사용빈도가 높고 사용범위가 넓은 어휘를 그 어휘 속의 기본어휘(基本語彙)라 한다. 예를 들면 '신문의 기본어휘', '초급 일본어 교과서의 기본어휘' 등이 있는데, 기본어휘 선정에는 통계적 근거가 있다. 이에 반해 기초어휘(基礎語彙)는 어떤 언어를 사용해서 일상생활을 할 때 필요하다고 생각되는 일정수의 한정된 어휘를 말한다. 기초어휘의 어휘 선정은 선정자의 주관적 판단에 의해 행해지는 경우가 많아 반드시 통계적 근거가 있다고는 할 수 없다.

일반적으로 기초어휘 선정은 주관적인 방법에 의한 것이기 때문에 다양한 의미 분야와 사용 영역에 걸쳐 체계적으로 기본적인 단어를 수집할 수 있다. 하지만 개인의 주관에 치우칠 우려가 있다. 반면에 기본어휘는 통계적 방법에 의해 객관적으로 어휘를 선정할 수 있지만 대상이 되는 어휘조사 자료가 한정되기 때문에 다양한 사용영역에 걸쳐 어휘를 수집하기 어렵다는 문제가 있다. 그래서 이 양자의 방법을 함께 사용하여, 어휘조사결과를 기초로 해서 거기에 주관적인 판단으로 선정한 단어를 보충, 선택하는 방법을 취하는 경우가 많다.

　사용어휘와 이해어휘, 기본어휘와 기초어휘의 추출 선정은 일본의 국어교육 및 일본어교육 등의 언어교육에서 매우 유용하다.

4. 어휘조사

　어휘조사(語彙調査)란 어떤 정해진 범위 내에서 어휘가 얼마나 쓰였는지 그 사용된 양상을 조사하는 것이다. 즉 어휘의 양적(量的)인 구성과 특징을 파악하거나 기본적인 어휘를 선정하기 위해 다양한 어휘조사가 행해지고 있다.

　일본의 국립국어연구소가 실시한 일본어에 대한 어휘조사로『現代雜誌九十種の用語用字(1)(2)(3)』(1962,1963,1964)가 있다. 최근 자료는 아니지만 가장 방대하고 질적 가치도 높은 데이터라는 점에서 높이 평가받고 있다. 일본어교육과 관계된 것으로『日本語教育のための基本語彙調査』(1984년)에는 유학생 등의 성인을 대상으로 한 일본어교육에서의 기본어휘 6,000 단어에 대해 50음순 리스트와 의미 분류 리스트가 실려 있으며 그중 2,000 단어는 기본어로서 구별할 수 있게 되어 있다.

5. 연어수와 개별어수

　어휘 계량시 단어의 총수를 연어수[延べ語数], 반복해서 나타나는 것을 하나로 센 단어의 총수를 개별어수[異なり語数]라 한다. 일본의 동요 「春が来た」의 가사에서 연어수와 개별어수를 계산해보면 연어수(' / '를 넣어 구분한 것)는 25개, 개별어수(=선 부분을 뺀 것)는 10개이다.

〈연어수〉

春 / が / 来 / た	春 / が / 来 / た
どこ / に / 来 / た	山 / に / 来 / た
里 / に / 来 / た	野 / に / も / 来 / た

〈개별어수〉

春 / が / 来 / た	春 / が / 来 / た
どこ / に / 来 / た	山 / に / 来 / た
里 / に / 来 / た	野 / に / も / 来 / た

한 단어가 사용된 회수를 사용도수(使用度数)라 하고, 사용도수를 연어수로 나눈 수치가 그 단어의 사용률(使用率)이다. 예를 들어 위의 동요에 사용된 「来(る)」와 「も」의 사용률을 비교해보자. 연어수 25개, 「来(る)」의 사용도수는 6회로, 「6÷25×100」으로 계산되어 사용률은 24%, 「も」의 사용도수는 1회로 「1÷25×100」으로 계산되어 사용률은 4%가 된다. 즉 「来(る)」의 사용률은 「も」의 사용률의 6배나 되어 이 동요 중 가장 빈도가 높은 단어라 할 수 있다.

6. 고빈도어

어휘조사에서 중시되는 것은 어휘량과 사용률이다. 고빈도어(高頻

度語)는 사용률이 높은 단어를 가리킨다. 『現代雑誌九十種の語彙調査』에서는 연어수가 약 53만 단어, 개별어수가 약 4만 단어로 조사되었다. 그중 사용률이 높은 고빈도어로는 어떤 것이 있는지 각종 어휘조사에서 사용률이 높은 단어순으로 나열한 것이 다음 표이다.

〈각종 어휘조사에서의 고빈도어 일람표〉

順位	A 雑誌九十種	B 婦人雑誌	C 総合雑誌	D 朝日新聞	E 新聞3紙	F 国語教科書	G 教科書児童読物
1	する	する	する	する(体現~)	一	いる	いる
2	いる	なる	いる	いる	二	する	です
3	言う	こと	言う	ある(形式的)	三	~さん	お
4	一	もの	こと	こと	する	言う	言う
5	こと	ある	なる	なる	万	来る	だ
6	なる	よい	その	する	五	お(御)	こと
7	れるられる	いる	もの	もの	○	行く	なる
8	二	言う	ある	この	日	なる	その
9	ある	一	この	的	いる	こと	する(他動)
10	その	その	的	ある	ある	見る	ある
11	もの	二	よう	これ	円	ある	来る
12	よう	ない	それ	その	時	みんな	する(自動)
13	十	とき	の	よう	なる	達	行く
14	三	この	一	言う	十	ぼく	さん(様)
15	この	これ	わたくし	よる	いう	その	この

16	五	おく	日本	会	六	おか あさん	わたし
17	それ	つける	これ	者(シャ)	者	よい	それ
18	お	四	ない	委員	区	ひと	見る
19	ない	うえ	来る	問題	月	なか	よう
20	来る	三	される	つく	年	この	たち

田中章夫(1978)『国語語彙論』明治書院

A) 国立国語研究所報告21「現代雑誌九十種の用語用字」

B) 国立国語研究所報告4 「婦人雑誌の用語」

C) 国立国語研究所報告12「総合雑誌の用語」

D) 国立国語研究所報告2「語彙調査--現代新聞用語の一例」

E) 国立国語研究所報告「電子計算機による新聞の語彙調査」

F) 池原樽雄「国語教育のための基本語彙体系」

G) 阪本一郎「日本語基本語彙幼年の部」

「する」, 「いる」, 「ある」, 「なる」, 「言う」 등의 기본동사와 「こと」, 「もの」 등의 명사가 거의 모든 조사에서 상위 20위 안에 들어 있는 것을 확인할 수 있다.

어구성

1. 형태소 · 어기 · 접사

단어가 만들어지는 측면을 어구성(語構成)이라 하는데 어구성은 1
개 이상의 형태소(形態素 morpheme)로 이루어진 단어의 구성과 단어
전체의 문법적 의미적 관계를 다룬다. 어구성은 이밖에 새로운 단어
가 어떻게 만들어지는가라는 관점에서 단어의 성립을 논하는 경우가
있는데 이 성립과정을 다루는 것은 조어법(造語法)이라 하여 구별하
기도 한다.

단어의 구성요소인 형태소는 보통 의미를 갖는 최소단위라고 정의
되며, 다시 자립형태소(自立形態素)와 결합형태소(結合形態素)로 분류
할 수 있다. 어구성의 관점에서 말하면, 단독으로 단어를 구성할 수
있는 자립형태소는 어기(語基)에 상당하고, 단독으로 단어를 구성하지
못하고 항상 어기와 함께 사용되는 결합형태소는 접사(接辞)에 상당한
다. 예를 들어 「山」, 「登る」, 「ゆっくり」등은 어기이고, 「お金」, 「彼

ら」의 「お」, 「ら」 등은 접사이다. 의미적으로 봤을 때 의미가 실질적
이고 명확한 것이 어기이고, 문법적인 의미를 갖는 것이 접사이다.

2. 단어의 종류

단어는 어떤 요소로 구성되는가에 따라, 어기 1개로 되어 있는 단
순어(単純語)와 2개 이상의 어기로 되어 있는 복합어(複合語), 그리고
어기에 접사가 결합하여 만들어지는 파생어(派生語)로 나눌 수 있다.
복합어와 파생어를 합쳐 합성어(合成語)라고 한다. 어기는 접사와 달
리 종류가 많기 때문에 복합어 쪽이 파생어보다 수적으로 방대하다.

3. 단순어

단순어란 「やま(山)」, 「のぼる(登る)」와 같이 의미를 가진 구성요소
가 더 이상 잘게 분해되지 않는 단어를 말한다. 이중에는 역사적으로
보면 합성어인 경우도 있다. 「まぶた(瞼)」, 「さかな(魚)」 등이 그 경

우인데, 원래는 「目+蓋」, 「酒+菜」와 같이 두 단어가 결합되어 만들어진 것이다. 거슬러 올라가면 분해가 가능한 단어라도 현대 언어의 식에서 한 단어로 굳어져버린 예는 합성어로 보지않고 단순어로 취급한다. 또한 외래어의 경우도 원어의 구성과는 상관없이 현대일본어로 판정한다. 「ドライバー」, 「グランプリ」는 각각 영어와 프랑스어에서 차용한 단어이다. 원어에서 'driv-er'는 파생어, 'grand prix'는 복합어이지만 현대일본어에서는 양쪽 모두 단순어로 파악하는 것이 타당하다.

4. 합성어

「はな(花)」, 「やま(山)」, 「はる(春)」와 같은 단순어는 그 이상 의미를 나타내는 부분으로 분해할 수 없는데 반해, 「はなみ(花見)」, 「はなみざけ(花見酒)」, 「やまやま(山々)」, 「はるめく(春めく)」와 같은 단어는 「はな(花)+み(見)」, 「はな(花)+み(見)+さけ(酒)」, 「やま(山)+々(=やま(山)」 「はる(春)+めく)」와 같이 각각의 의미를 가지는 요소로 나눌 수 있다. 이와 같이 둘 이상의 요소로 만들어진 단어를 합성어라고 한다.

1) 복합어

「はなみ(花見)」와 「はなみざけ(花見酒)」와 같이 둘 이상(전자는 2개, 후자는 3개)의 어기로 만들어진 단어를 복합어라 하고, 그 중 「ときどき(時々)」, 「われわれ(我々)」, 「やまやま(山々)」와 같이 동일 어기가 결합된 단어를 첩어(畳語)라 한다.

복합어의 의미적 구조는 크게 격관계 등을 나타내는 통어구조와 병렬관계를 나타내는 병렬구조로 나뉘고, 첩어는 중복구조를 가진다.

① 통어구조

통어구조(統語構造)는 어기와 어기 사이의 주어·술어관계, 대상어·술어관계 등의 격관계를 나타내거나 수식어·피수식어관계를 나타내는데, 종속구조(從屬構造)라고도 한다. 일본어의 복합어에서는 구성패턴의 종류나 단어 수에서 볼 때 복합명사와 복합동사, 특히 복합명사가 중심적인 존재이다. 복합명사의 주요 격관계와 수식관계를 나타내는 예를 들어보면 다음과 같다

〈격관계와 수식관계 예시〉

격관계	N が V [주·술]	雨降り	値上がり	日当たり
	N を V [대상]	絵描き	湯沸かし	卵焼き
	N を V [통과점/기점]	家出	山越え	川下り
	N に V [귀착]	外国出張	土俵入り	人任せ
	N で V [도구]	砂遊び	ペン書き	バターいため
	N に/で V [장소]	前書き 海釣り	下着	田舎育ち
	N のために/で/に V [이유/원인]	船酔い	衝動買い	日焼け
수식관계	A·N [수식·피수식]	近道 悔し泣き	長話	浅漬け

N은 명사, V는 동사, A는 형용사를 나타냄.

② 병렬구조

병렬구조(並列構造)는 어기와 어기가 대등한 자격으로 결합하는 관계를 나타내며 유의(類義)관계와 대의(對義)관계로 나눌 수 있다.

유의관계 :　野山　　田畑　　飲み食いする　　善良な

대의관계 :　善悪　　東西　　寝起きする　　開閉する

③ 중복구조

중복구조(重複構造)는 동일한 어기 2개가 중복적으로 결합하는 관계를 나타낸다. 명사·동사·형용사·부사·감동사 등의 첩어에 보인다.

昔々　　　　品々　　　　のびのび　　　しみじみ

薄々　　　　広々　　　　もっともっと　どんどん

あらあら　　これこれ

2) 파생어

파생어는 어기에 접사가 1개 이상 결합하여 만들어지는 데, 접사는 접두사(接頭辞)와 접미사(接尾辞)로 나누어진다.

① 접두사 첨가

· 형용사성 접두사 「大-」, 「小-」, 「素-」가 붙은 경우
  의미적으로 각각 '큼', '작음', '순수함'을 나타낸다.

だい
大-発見　　　おお
　　　　　　　大-地震　　　こ
　　　　　　　　　　　　　　小-石
しょう
小-企業　　　す
　　　　　　　素-肌　　　　素-直な

· 대우성(待遇性) 접두사 「お-」, 「ご-」, 「み-」가 붙은 경우
  일반적으로 「お-」는 고유일본어와, 「ご-」는 한자어와 결합하지만

「お電話」와 같은 예외도 있다. 「み-」는 아어적(雅語的)이다.

　　　お-名前　　　　　　ご-案内　　　　　　み-こころ

・부정(否定) 접두사 「不-」, 「非-」, 「未-」, 「無-」 등이 붙은 경우

　　　不-親切　　　　　不-器用　　　　　非-協力
　　　未-成年　　　　　無-関心　　　　　無-愛想

・한자어 접두사가 붙은 경우

　　　反-比例　　　　　副-社長　　　　　再-発行　　　　　被-選挙権

・외래어 접두사가 붙은 경우

　　　アンチ-巨人

② 접미사 첨가

　접미사가 붙어 만들어지는 파생어의 품사는 그 접미사의 성질에 따라 결정된다. 즉 접미사는 접두사와는 달리 품사를 전환시키는 역할을 한다.

・명사성 접미사가 붙은 경우
　대우성(-さん, -様), 복수(-がた, -達), 인물(-屋), 점포・건물(-店, -屋), 추상성질(-さ, -み) 등을 표시한다. 그 밖에 한자어계 접미사(-性, -化, -風, -流 등)도 있다.

田中-さん/様　　あなた-がた　　学生-達　　照れ-屋

喫茶-店　　　　本-屋　　　　　暑-さ　　　重-み

安全-性　　　　民主-化　　　　西洋-風　　自己-流

· 동사성 접미사 「-がる」, 「-ぶる」, 「-ばむ」, 「-めく」, 「-る」 등이 붙은 경우

うれし-がる　　　　　　上品-ぶる　　　　　汗-ばむ

春-めく　　　　　　　　サボ-る

· イ형용사성 접미사 「-がましい」, 「-っぽい」, 「-らしい」 등이 붙은 경우

押しつけ-がましい　　　忘れ-っぽい　　　　女-らしい

· ナ형용사성 접미사　「-げ」, 「-的」, 「-チック」 등이 붙은 경우

悲し-げ　　　　　　　　具体-的　　　　　　おとめ-チック

③ 2개 이상의 접사 첨가 파생어

· 접두사 + 명사 + 접미사 : お-嫁-さん

· 접두사 + 접두사 + 명사 : お-み-くじ

· 형용사 + 접미사 + 접미사 : 寒-がり-や

어종

제4절

1. 어종분류

　어종(語種)이란 원래 그 단어가 나온 출처에 따라 분류한 것으로 크게는 그 언어의 고유어와 외국어로부터 들어온 차용어(借用語)로 나뉜다. 일본어에서는 전자를 고유일본어 [和語]라고 부르고, 후자를 중국어로부터 차용한 한자어 [漢語]와 중국어 이외의 언어로부터 차용한 외래어(外来語)로 나눈다. 또한 고유일본어·한자어·외래어 중 2종 이상의 결합에 의해 만들어진 단어를 혼종어(混種語)라고 부른다. 한자어를 외래어로 취급하지 않는 것은 한자어가 일본어에 유입된 지 역사적으로 상당히 오래되었고 한자어의 대다수가 일본인이 한자음을 사용해서 만들어낸 것이어서 차용어라는 의식이 거의 없기 때문이다.

2. 고유일본어

　고유일본어는 원래부터 일본어에 있었던 단어로, 야마토코토바(大和言葉), 와고(和語)라고도 불린다. 「かお(顔)」, 「ひと(人)」, 「うみ(海)」

등 일상생활에서 많이 쓰이는 기본적인 어휘 중 다수가 고유일본어이다. 특히 기본적인 동사와 형용사에 많이 보이며 모든 품사에 존재한다. 의미 분야에서는 자연물, 자연현상을 나타내는 말이 많고, 추상개념을 나타내는 말이 적다. 또한 일본어 음절구조가 단순한 개음절(開音節) 구조이기 때문에 동음이의어(同音異義語 homonym)가 많은 점이 특징이다. 그 때문에 예를 들어, 단순히 「いる」라고만 했을 때는 의미 파악이 힘든데, 이러한 문제는 「(気に)入る」, 「(資金が)要る」, 「(豆を)炒る/煎る/熬る」, 「(誰か)居る」, 「(矢を)射る」, 「(硬貨を)鋳る」와 같이 한자를 사용하여 해결할 수 있다.

3. 한자어

한자어는 중국어로부터 차용하여 일본어가 된 단어를 말한다. 전래시기와 경로에 따라 오음(呉音), 한음(漢音), 당음(唐音)으로 나뉜다. 또한 엄밀하게는 통상 한자로 쓰고, 더욱이 그것을 음독하는 단어를 말한다. 넓게는 다음과 같이 한자어를 모방하여 일본에서 만들어진 일본제 한자어 [和製漢語]를 포함하는데 이 경우는 자음어(字音語)라고도 한다. 일본제 한자어에는 고유일본어의 한자표기를 음독해서 만들어진 것(火(ひ)の事(こと)→火事(かじ), 大根(おおね)→大根(だいこん)), 한자어를 모방해서 음독 형태로 만들어진 것(案内, 勘定), 서구어의 번역어로서 일본에서 한자를 조합해서 만든 것(哲学, 恋愛) 등이 있다.

문체적으로는 고유일본어가 회화체에서 자주 쓰이는 일상적인 어휘에 많은데 반해, 한자어는 문장체에 많이 사용된다. 또 한자어는 품사면에서는 명사가 전체의 90% 이상을 점하며, 특히 추상명사나 학술용어, 관청용어 등의 전문어(專門語)에 많이 나타난다.

「きこう」로 발음되는 「機構・気候・寄港・紀行・寄稿…」 등과 같이 동음이의어가 많아 커뮤니케이션상의 문제가 발생되기도 하지만, 문장에서는 한자의 표의적인 성격으로 인하여 이러한 문제는 해소된다. 동음이의어가 많다는 문제점에도 불구하고 한자어는 조어력이 뛰어나고 간결성과 품위성을 갖추고 있어 현대일본어에서 중요한 위치를 차지하고 있다.

4. 외래어

외래어는 일본어 이외의 언어로부터 차용한 단어를 가리킨다. 그러나 일본어에서는 중국어로부터의 차용어를 한자어로 구별하기 때문에 좁게는 서구어로부터 차용한 단어만을 가리켜 서양어[洋語]라고도 한다. 엄밀하게는 서양 이외의 아시아 등의 단어도 포함된다.

일본에 처음 들어온 서구어로 16세기의 포르투갈어, 스페인어, 17세기의 네덜란드어가 있고, 19세기 초에는 영어가 들어와 메이지(明治) 시대(1868-1912)에 그 사용이 증대되었다. 그 밖에 근대화 과정에서 유럽 문화를 널리 받아들였기 때문에 프랑스어, 독일어, 이탈리아어, 러시아어 등 유럽을 중심으로 한 많은 언어로부터 차용이 이루어졌다.

국제화와 과학기술의 진보 등에 따라 외래어가 증가 추세에 있는 것이 사실이고 그에 따른 외래어의 남용 문제가 지적되기도 하지만, 실상은 사용률이 개별어수에서 10%이하, 연어수에서 3%이하에 지나지 않아 기본적 어휘에 거의 영향을 미치지 않는다고 보는 입장도 있다. 그러나 외래어의 사용은 특정 분야에서 두드러지며 전문어를 중심으로 편차를 보인다.

1) 언어별 외래어

일본어에 가장 일찍 유입된 외래어 예로는 나라(奈良) 시대(710-784)의 범어(梵語)·조선어·아이누어에서 유래한 「けさ(袈裟)·むら(村)·しゃけ(鮭)」 등이 있다. 그 밖에 각 언어별 유래 외래어를 들면 다음과 같다.

① 포르투갈어 유래
포르투갈 선교사에 의해 종교용어 및 일상어로 유입되었다.

パン　　キリシタン　　カルタ　　カッパ　　タバコ

② 스페인어 유래
포르투갈에 이어 스페인 사람들이 일본에 들어왔는데 접촉기간이 짧아 확실히 스페인어 유래로 보이는 말이 적다. 현재는 「メリヤス」라는 단어 하나밖에 남아있지 않다.

③ 네덜란드어 유래
쇄국 후에도 네덜란드와는 통상이 이루어져 네덜란드어가 주된 유입 외래어가 되었다. 일상어 외에 일본 근대화를 촉진한 과학기술, 의학 용어가 다수 들어왔다.

ガラス　　　　コップ　　　　アルコール　　　　レンズ

コンパス　　　　ピストル　　　　オルゴール

④ 영어 유래

다양한 분야에서 사용되며 양적으로도 현대일본어 외래어의 약 80%
정도를 차지할 정도로 압도적이다.

シャツ　　　　ハンカチ　　　　テレビ　　　　シューズ
サッカー　　　ビル　　　　　　ルーム

⑤ 프랑스어 유래

예술, 복식, 요리 등과 관련된 말에 많다.

アトリエ　　　シャンソン　　　ブティック
ベレー　　　　クロワッサン　　シャンパン

⑥ 독일어 유래

의학, 사상, 등산 용어에 많다.

カルテ　　　　ガーゼ　　　　　イデオロギー
テーマ　　　　ピッケル　　　　ザイル

⑦ 이탈리아어 유래

음악, 요리 용어에 많다.

オペラ　　　ソプラノ　　　スパゲッティ　　　ピザ(ピッツァ)

⑧ 러시아어 유래

노동운동, 사상관계의 용어가 들어왔다.

インテリゲンチャ　　　　　ノルマ

이 밖에 다음과 같이 둘 이상의 다른 언어가 결합된 것도 있다.

テーマソング(독+영)　　　アンコールアワー(프+영)
ロールパン(영+포)

2) 외래어의 특징

외래어는 일본어로 정착되는 과정에서 다음과 같은 현상이 관찰
된다.

① 음운의 대체

원어의 자음이 개음절화하여 길어진다.

strike [straik](영)　→ ストライク [sutoraiku] (-k → -ku)
right [rait](영)　　→ ライト [raito] (-t → -to)

② 표기의 병존

일본어에서는 둘 이상의 표기가 병존, 경합한다.

team(영)　　→ ティーム：チーム

whiskey(영)　→ ウィスキー：ウイスキー

violin(영)　　→ ヴァイオリン：バイオリン

③ 생략

어형의 생략 또는 문법적 요소(복수 -es의 발음, 관사 'the' 등)가 생략
된다.

pesonal computer(영) : パ(ー)ソ(ナル)コン(ピュータ) → パソコン

Arbeit(독) : (アル)バイト → バイト

high society(영) : ハイソ(サイティ) → ハイソ

sunglasses(영) : サングラス

on the air(영) : オンエア

④ 일본어화

「-る」를 붙여 일본어의 동사형으로 만든다.

アジる(<u>agitation</u>(영) : <u>アジ</u>テーションをする)

ググる(<u>google</u>(영) : <u>ググ</u>ルで検索する)

サボる(<u>sabotage</u>(프) : <u>サボ</u>タージュをする)

ダブる(<u>double</u>(영) : <u>ダブ</u>ルになる)

メモる(<u>memo</u>(영) : <u>メモ</u>をする)

マクる(<u>McDonald's</u>(영) : <u>マク</u>ドナルドへ行く)

「-い」, 「-な」 등을 붙여 일본어의 형용사형으로 만든다.

ナウい(now)　　　　エレガントな(elegant)　　　ソフトな(soft)

アートな(art)　　　　デリケートな(delicate)　　　ハードな(hard)

ハッピーな(happy)　　フレッシュな(fresh)

⑤ 2중어

같은 어원의 말이 받아들여진 원어와 시대에 따라 다른 발음과 의미로 나뉜다.

ガラス (네) 유리　　　 — グラス (영) 유리잔

コップ (네) 유리컵　　 — カップ (영) 커피잔, 계량컵

ストライキ (네) 동맹파업 — ストライク (영) 야구용어 스트라이크

⑥ 의미차

원어가 가지고 있던 원래의 의미와 일본어에서 쓰일 때의 의미가 달라진 경우가 있다.

cunning 교활(한) → カンニング 시험에서의 부정행위, 커닝

talent 재능　　 → タレント 연예인

smart 영리한　 → スマート 날씬한, 세련된

⑦ 일본제 외래어

일본인에 의해 독자적으로 만들어진 외래어를 말한다. 원어를 모

어로 하는 외국인 일본어 학습자에게는 어려운 문제가 된다.

アフターサービス　オフィスレディー　テーブルスピーチ

5. 혼종어

혼종어는 어종이 다른 단어 또는 접사가 둘 이상 결합하여 만들어진 말로, 크게는 다음 세 종류로 나눌 수 있다.

① 고유일본어+한자어 / 한자어+고유일본어

いねむり運転　　花火大会　　平社員　　小型車

労働組合　　連休明け　　休業日　　非常口

② 한자어+외래어 / 외래어+한자어

満タン　　逆コース　　迷惑メール　　携帯ストラップ

リズム感　　スマホ中毒　　テーマ音楽　　デジタル放送

③ 외래어+고유일본어 / 고유일본어+외래어

ポリ袋　　　　ドル安　　　　ランクづけ

歯ブラシ　　　　　生クリーム　　　　窓ガラス

　이 밖에「研究する」,「参加する」,「バイトする」,「ノックする」와 같이 '한자어/외래어+고유일본어「する」'로 이루어져 동사로 쓰이는 혼종어가 있고,「高級な」,「スムーズに」와 같이 '한자어/외래어+고유일본어 어미「な/に」'와 같이 ナ형용사로 쓰이는 혼종어도 있다.

　한자의 음독과 훈독이 한 단어 속에 혼재해 있는 예로 언급되는 유토요미(湯桶読み)와 주바코요미(重箱読み)는 각각「湯(ゆ)+桶(トウ) : 고유일본어+한자어」,「重(ジュウ)+箱(はこ) : 한자어+고유일본어」와 같은 구성을 보이는 혼종어의 일종으로 취급할 수 있다. 전자의 예로는「見本(みほん)」,「場所(ばしょ)」, 후자의 예로는「番組(ばんぐみ)」,「本箱(ほんばこ)」 등이 있다.

단어의 의미

　단어에는 정해진 형태와 정해진 의미[語義]가 있다. 단어는 의미를 가짐으로써 현실세계 속의 사물, 사항을 구별·인식하고 명명(命名)할 수 있는 것이다. 더욱이 단어는 단독으로 존재하는 것이 아니라 의미내용에 있어 다른 단어와의 상호관계, 체계 속에서 규정된다. 특히 의미가 비슷한 것, 반대의 의미를 가지는 것, 한쪽이 다른 쪽을 포함하는 것 등의 의미적 체계를 가지고 있으며 다음과 같이 분류된다.

1. 유의어

　「先生·教師」, 「美しい·きれいだ」와 같이 단어와 단어의 의미 영역이 겹치는 경우, 즉 의미가 매우 유사한 단어의 세트를 유의어(類義語)라 한다. 기본적으로 유의어 간에는 다음과 같은 세 종류의 관계가 있다.

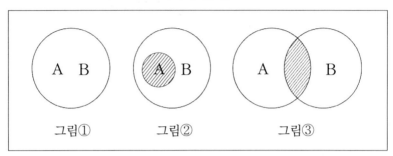

〈의미 관계〉

A B   Ⓐ B   A B

그림①   그림②   그림③

1) 서로 의미 영역이 거의 겹치는 관계 (그림①)

「卓球・ピンポン」, 「てがみ・書簡・レター」, 「いえ・家屋・ハウス」
와 같이 가리키는 대상의 범위가 완전히 일치하는 경우 동의어(同義
語)라 부르는 경우도 있으나, 어감이나 문체를 생각하면 엄밀한 의미
에서의 완전한 동의관계는 있을 수 없다고 보고 유의어에 포함시켜
생각하는 것이 일반적이다.

2) 한쪽이 한쪽을 포함하는 관계 (그림②)

「両親 > 父」, 「くるま > タクシー」, 「犬 > チワワ」와 같이 단어 B가
가리키는 범위가 단어 A가 가리키는 범위를 모두 포함하는 경우, B
를 상위어(上位語), A를 하위어(下位語)라 한다. 상위어 쪽이 의미가
넓은데 비해, 하위어 쪽은 상위어의 의미성분에 다시 의미성분이 더
해진 것이어서 상세하고 구체적이라는 특징이 있다. 예를 들면 「チワ
ワ」, 「スピッツ」 등은 모두 「犬」로 불린다. 이 경우 「犬」 는 상위어,
「チワワ」, 「スピッツ」는 하위어이다. 또한 「チワワ」와 「スピッツ」는

동위어(同位語)라 불린다.

3) 양쪽이 각각 일부분에서 서로 겹치는 관계 (그림③)

「いえ：うち」, 「のぼる：あがる」, 「美しい：きれいだ」와 같이 양쪽이 일부분에서 서로 겹치는 관계가 가장 전형적인 유의어라 할 수 있다.

2. 반의어

「右」와 「左」는 '수평방향, 옆을 향하는 방향을 나타낸다'는 점에서 공통된 의미를 가지고 있지만, '방향이 반대'라는 점에서는 다르다. 이와 같이 몇 개의 의미성분을 공유하면서도 특정한 점에 관해서 상반되는 의미를 가지는 단어의 세트를 반의어(反義語)라 한다. 반의어 는 대의어(対義語) 또는 반대어(反対語)라고도 불리며 다시 아래와 같이 세분된다.

1) 상보관계

예를 들어 사람은 '남자'이거나 '여자'이거나 어느 한쪽이어서 동시에 양쪽이 되거나 제삼의 것이 될 수는 없다. 이와 같이 어떤 조건하에서 개념의 영역을 분할하는 관계에 있는 경우이다.

男 － 女　　表 － 裏　　ある － ない　　等しい － 異なる

2) 양극관계

양극을 가리키는 대립관계에 있지만, 중간에 위치하는 것이 있는 경우이다.

上 - 下　　　最高 - 最低　　　朝 - 晩　　　満点 - 零点

3) 정도성을 가지는 단어와 단어의 관계

정도성을 가지고 「もっと(더)」, 「すこし(조금)」와 같은 정도부사와 함께 사용될 수 있으나, 1)과는 달리 어느 한 쪽도 아니고, 다른 한 쪽도 아닌, 예를 들어 「高くもなく」, 「低くもない」라는 것이 있을 수 있는 경우이다.

高い - 低い　　　寒い - 暑い　　　静かだ - にぎやかだ

4) 시점의 대립관계

하나의 대상이나 현상을 다른 2개의 시점에서 보는 관계에 있는 경우이다.

行く - 来る　　　買う - 売る　　　上り坂 - 下り坂

5) 서로 다른 전제로서 성립하는 관계

특정의 관계성과 장면을 전제로 성립하는 관계에 있는 경우이다.

教師 - 生徒　　　　　夫 - 妻　　　　　親 - 子

6) 상태적 상대관계

상태의 변화가 역이고, 서로 원래 상태로 돌아가는 관계에 있는 경우이다.

ふとる - やせる　　　寝る - 起きる　　　座る - 立つ

반의어는 보통, 어종이나 문체적 특징 등 동질의 단어가 세트를 이루는 것을 조건으로 한다. 예를 들어,「アマ－玄人(くろうと)」는 어종이 같지 않아서, 그리고「父(ちち)－おふくろ」는 문체적 특징이 같지 않아서 반의어로 의식되기 어렵다. 즉「アマ」는「プロ」와,「玄人」는「素人(しろうと)」와 같이 동일 어종 간에 강한 반의성(反義性)을 나타내는 세트를 구성한다. 문체적 특징이란 개개의 단어가 가진 격식차린 느낌과 허물없는 느낌을 수반하는 특징을 말하는데,「おふくろ」는 속어적이며 허물없는 느낌을 수반하기 때문에 중립적인「父」와는 반의어로 대응하지 않는다. 문체적 특징에서「父」는「母」와,「おふくろ」는「おやじ」와의 대응으로 대의어 세트를 구성한다고 보는 것이 타당하다.

또한 반의어는 품사적으로 거의 같은 품사의 단어가 세트를 이루지만, 일부 단어 세트에서는 어떠한 이유로 한쪽이 결여되어 있어 다른 품사의 단어와 세트를 이루는 경우도 있다.

① イ형용사 / ナ형용사 : 동사

等しい － 異なる　　　　正しい － 誤った/間違った
ない － ある　　　　　若い － 年とった/ふけた/老いた
同じだ － 違う

② イ형용사 : ナ형용사

激しい － 穏やかだ　　　汚い － きれいだ
貧しい － 豊かだ

③ ナ형용사 : 명사

健康な(人) － 病気の(人)　特別な/の(料理) － 普通の(料理)

그 밖에 한자어의 경우, 부정을 나타내는 접두사 「不, 未, 非, 無」등이 붙어 만들어지는 「平等－不平等」, 「躾－不躾」, 「解決－未解決」, 「公開－非公開」, 「関心－無関心」, 「愛想－無愛想」와 같은 세트도 있다.

3. 다의어

「虫垂炎(충수염)」과 같이 '맹장 끝에 있는 충수의 염증'이라는 하나의 의미밖에 갖지 않는 단어를 단의어(単義語)라 하는데, 단의어는 과학기술상의 용어에 많다. 반면에 다의어(多義語)는 하나의 음형(音形)에 서로 관련 있는 2개 이상의 의미가 결합된 단어를 가리킨다. 단어는 오랫동안 사람들 사이에서 사용되는 동안 의미가 변화해 새로운 의미가 첨가된다. 그렇기 때문에 일상회화에서 자주 쓰이는 기본적 어휘는 거의 대부분이 다의어가 되어있으며, 원래의 의미[原義]로부터 파생된 다양한 의미[転義]를 발생시키고 있다.

동사「聞く」를 사전『広辞苑』에서 찾아보면, 다음과 같이 다양한 의미로 사용되고 있다. 물론 이 다양한 의미는 서로 아무런 관련없이 존재하는 것이 아니라 의미상 상관성을 가지고 존재한다.

鐘の音を聞く。	〈聴官に音の感覚を生ずる〉
講義を聞く。	〈人の言葉をうけいれて意義を認識する〉
聞くところによると	〈他人から伝え聞く〉
無理を聞いてもらう。	〈聞き入れる〉
訴えを聞く。	〈よく聞いて処理する〉
注意を聞く。	〈注意して耳にとめる。傾聴する〉
道を聞く。	〈訪ねる。問う〉

한편 다의어의 여러 복수의 의미 중에서 중심이 되는 기본적인 의미를 기본적 의미[基本義] 또는 중심적 의미라 한다. 기본적 의미는 현대어에서 가장 중심적이라 생각되는 의미를 가리킨다. 역사적으로

의미의 파생 순서를 거슬러 올라가 그 출발점이 된 원래의 의미[原義]를 가리키는 것도 아니고, 양자가 반드시 일치하는 것도 아니다. 예를 들어, 동사「読む」의 원래 의미는「数を数える(수를 세다)」였다. 그러나 현대어에서 가장 중심적으로 생각되는 기본적 의미는「文字や文章を目で見て、その意味を理解する(문자나 문장을 눈으로 보고, 그 의미를 이해한다)」라는 뜻이다.

4. 연어

일반적으로 연어(連語 collocation)는 2개 이상의 단어가 결합해서 하나의 관념을 나타내는 말이다. 예를 들어「年を-取る」,「風邪を-引く」,「責任が-重い」,「重い-病気」와 같은 말이 연어에 해당된다. '나이를-먹다'를 일본어에 그대로 대응시켜「年を-食べる」라고는 사용할 수 없고, '심한-병'을 말할 때「重い-病気」라고는 하나「深い-病気」라고는 하지 못한다. 이와 같이 연어는 2개의 단어가 고정적인 결합관계를 보이는데, 어떤 말과 어떤 말이 결합해서 연어를 이루는가는 개개 단어의 의미에서는 예측하기 어렵다. 따라서 특히 외국어교육에서 모어의 간섭이 있어 연어 습득이 곤란한 외국인 학습자에게 연어 세트의 학습은 매우 중요한 의미를 가지게 된다.

어휘의 변화

제6절

　사회의 급격한 변화로 인해 시대, 개인, 지역 등에 따라 어휘의 형식이나 의미에 있어 변화를 보이는 경우가 많은데, 이를 어휘의 변화라 한다. 어휘에 따라 어느 시기에 새롭게 출현해서 널리 보급되어 쓰이는 경우도 있지만 일시적으로 쓰이다가 그 언어사회에 정착하지 못하고 사라지는 경우도 적지 않다. 다음과 같이 그 어휘 자체가 형식 또는 의미상 일부분이 변하는 경우와 생성·소멸 과정을 거쳐 완전히 변화하는 경우가 있다.

1. 어형의 변화

　어형의 변화에는 음의 교체·첨가·탈락·전도(転倒) 등이 있다.

1) 음의 교체

　　모음 교체 : たき → たけ「丈」

자음 교체 : けぶり → けむり「煙」

2) 음의 첨가

자음 첨가 : はる+あめ → はる<u>さ</u>め「春雨」

촉음 첨가 : ま+しろ → ま<u>っ</u>しろ「真っ白」

발음 첨가 : ま+なか → ま<u>ん</u>なか「真ん中」

3) 음의 탈락

음절 탈락 : ハ<u>チ</u>ス → ハス「蓮」

모음 탈락 : <u>い</u>だく → だく「抱く」

자음 탈락 : つ<u>き</u>たち「月立ち」 → ついたち「一日」

4) 음의 전도

음절 전도 : あら<u>たし</u> → あ<u>たら</u>し「新し」

2. 의미의 변화

의미의 변화는 시간의 흐름에 따라 단어의 의미가 변화하여 오용(誤用)과는 달리 일반적인 용법으로서 사회에 인정받게 되는 것을 말한다. 의미 변화는 단어가 갖는 의미의 유사성·다의성·평가의 차이·사회변화 등 다양한 요인에 의해서 발생되는데, 의미 변화의 방향은 다음과 같이 정해진 패턴으로 나타난다.

1) 의미의 확대

의미의 확대는 의미의 일반화(一般化)라고도 하며, 원래의 의미 외에 새로운 의미로 확장되어 쓰이는 것을 말한다.

瀬戸物 : 愛知県 瀬戸에서 생산된 도자기 → 도자기 일반
挨拶 : 선종에서 대면하여 나누는 문답 → (대면할 때 나누는) 인사

2) 의미의 축소

의미의 축소는 의미의 확대와는 반대 방향으로의 변화를 나타내는 것으로, 의미의 특수화(特殊化)라고도 한다. 이것은 단어 의미의 일부가 소실되거나 지시범위가 특수화되는 변화이다.

小僧 : ①동자승 ②사환 ③나이어린 사람에 대한 비칭(애송이, 풋내기) ④무릎
      → 현재는 ②와 ④의 의미로는 사용되지 않는다.
弟　 : 연하 남·녀 형제(남동생, 여동생)의 총칭
      → 연하 남자 형제

3) 의미의 상승과 하락

원래 의미와의 가치 비교에서 좋아진 경우는 의미의 상승이라 하고, 반대로 나빠진 경우는 의미의 하락이라 한다. 「未亡人(みぼうじん)」은 원래 '남편이 죽었는데도 아직 죽지 않은 사람'이란 마이너스적인 뜻이 담긴 말로 겸손하게 자신을 지칭하는 자칭사(自称詞)였지만 현대

어에서는 의미가(意味価)가 상승했다. 반대로 「御前(おまえ)」는 손위의 상대에 대한 존경어였으나 현재는 동등하거나 손아래 상대를 편하게 부르거나 친근한 정을 담아 부르는 말로 하락한 예이다.

비슷한 예로는 「天気」, 「女房(にょうぼう)」가 있다. 「天気」는 '비, 구름, 맑음 등의 기상상태'를 나타내는 중립적인 의미에서 '좋은 날씨'라는 뜻으로 의미가 상승한 예이다. 그러나 「女房」는 '궁중의 신분이 높은 여관(女官)'이라는 의미에서 '부인'의 속어에 해당하는 '마누라'라는 뜻으로 바뀌어 그 의미가 일반화되고 동시에 나쁜 의미로 의미 하락이 발생한 예이다. 이와 같이 의미변화는 둘 이상이 중복되어 일어나는 경우가 많다.

3. 어휘의 신생과 소멸

세계는 과학기술을 비롯해 경제, 사회 등 여러 분야에서 급격한 변화가 계속되고 있다. 그와 같은 변화 속에서 당연히 새로운 사물과 새로운 개념을 표현하기 위한 신어(新語)가 필요하게 되어 계속 만들어지고 있으며, 그 속에서 유행어(流行語)도 계속 만들어지고 사라져 가기도 한다. 신어와 유행어는 그 시대를 가장 잘 반영하고 그 시대 사람들의 사고방식도 잘 나타내준다.

특히 유행어는 참신 기발하여 초기에는 많은 사람들에 의해 사용되지만 널리 퍼지면서 점차 재미와 매력을 잃게 되면 사용되지 않게된다. 그러므로 신어·유행어 중에는 일정기간 쓰이다가 일상어휘로 살아남아 사전에 등재되는 경우도 있지만, 시대의 흐름과 함께 사어(死語)가 되어 사라지는 경우도 있다.

최근의 신어·유행어에는 다음과 같은 것들이 있다.

〈신어·유행어의 예〉

マジ	'진심으로', '진정으로'라는 뜻으로 강조 또는 진실성의 표현으로 사용한다.
ダサい	'시대에 뒤떨어지거나 보기 흉한'이라는 경멸의 뜻을 나타낸다.
KY語, KY式日本語	KY(空気読めない·読めてない)와 같이 각 단어의 앞머리 로마자나 숫자를 조합한 약어군을 가리킨다.
女子会	여성만 모이는 식사 자리·다과회·술자리 등을 가리킨다.
草食男子	연애에 적극적이지 않은 남성을 말한다.
婚活	결혼하기 위한 활동을 말한다.
アンマリ族	결혼하지 않고 우아한 독신생활을 즐기는 사람을 말한다.「アンマリ」란「アンマリッド(unmarried)」의 생략이다.
アラサー (around 30)	28살~32살가량을 말할 때 사용한다.
ドタキャン (土壇場キャンセル)	당일 급하게 약속을 취소하는 것을 말한다.
小確幸 (ショウカッコウ)	「小さいけれど確実な幸せ」의 줄임말. 일본인 소설가 무라카미 하루키(村上春樹)가 만든 신어. '작지만 확실한 행복'이라는 뜻.

1. 다음 복합어를 격관계의 관점에서 볼 때 다른 것과 성질이 다른 것을 하나 고르세요.

> 酒飲み   物干し   人殺し   虫食い

2. 다음에서 복합어를 모두 고르세요.

> 素肌   勉強部屋   雨がさ   乗り換え   寿司屋
>
> 古本   木漏れ日   小高い   子供っぽい   キーワード

3. 접두사 「お-」, 「ご-」와 접미사 「-さ」, 「-み」가 붙는 파생어를 3개 씩 찾아보세요.

4. 부정(否定)의 의미를 가지는 한자어계 접두사 「不-」, 「無-」, 「未-」, 「非-」가 붙는 단어를 각각 2개씩 찾아보세요.

5. 다음 외래어중 기원이 다른 것을 하나 고르세요.

> ライス   アイスクリーム   キャンディー   パン   ハンカチ

6. 「オフィスレディー」와 같은 일본제 외래어를 3개 찾아보세요.

7. 다음 문에서 자립어를 고른 후, 그것을 고유일본어, 한자어, 외래
   어, 혼종어로 나누세요.

   ┌───┐
   │ 近年では、アメリカのメジャーリーグで活躍する日本人選手 │
   │ も増え、海外の野球情報も簡単に手に入れられるようになっ │
   │ た。   │
   └───┘

8. (　　) 안에는 동위어, 〈　　〉안에는 상위어를 적어 넣으세요.

   りんご，　なし，（　　　　　　　　）：〈　　　　　　　　〉
   鉛筆，　ボールペン，（　　　　　　　）：〈　　　　　　　　〉

9. (　　) 안에 주어진 단어의 반의어를 적어 넣으세요.

   教える：（　　　　　　　）　　着る：（　　　　　　　）
   天井：（　　　　　　　）　　出席：（　　　　　　　）

10.　단어 의미의 확대와 축소 예를 각각 2개씩 드세요.

참고문헌

秋元美晴(2002)『よくわかる語彙』アルク

五十嵐三郎他(1985)『国語概説』学芸図書株式会社

沖森卓也他(2006)『図解日本語』三省堂

国広哲弥(1982)『意味論の方法』大修館書店

小池清次(1997)『日本語学キーワード事典』朝倉書店

国立国語研究所(1964)『分類語彙表』秀英出版

国立国語研究所(1964)『現代雑誌九十種の用語用字 第3分冊 分析』秀
　　　　　　英出版

国際日本語研修協会(2009)『やさしい日本語指導6 語彙意味』凡人社

城田俊(1991)『ことばの縁-構造語彙論の試み-』リベルタ出版 (윤상실역
　　　　　　(2001)『일본어의 연 -구조어휘론의 시도-』박이정)

玉村文郎(1987)『日本語の語彙・意味』アルク

玉村文郎編(1989)『講座日本語と日本語教育6 日本語の語彙・意味(上)
　　　　　　』明治書院

玉村文郎(2002)『NAFL Institute 日本語教師養成通信講座8 日本語の語
　　　　　　彙・意味』アルク

西尾寅弥(1988)『現代語彙の研究』明治書院

日本語教育学会編(1982)『日本語教育事典』大修館書店

宮島達夫(1994)『語彙論研究』むぎ書房

宮島達夫他(1997)『岩波講座 日本語9 語彙と意味』岩波書店

森田良行他編(1997)『ケーススタディ 日本語の語彙』桜楓社

윤상실・윤호숙・황광길(2002)『일본어학의 이해』제이앤씨

제5장
문법

문과 문법

1. 문법과 문법론

문법(文法)이란 어(語)와 문(文) 등의 언어 단위가 어떠한 규칙성을 가지고 사용되는지에 대해 체계적으로 파악하는 법칙의 총체를 가리킨다. 일본어 문법이라 하면 일본어라는 커뮤니케이션 수단을 사용할 때의 사용법칙이라 할 수 있다.

사람들은 유아기부터 특별히 자각하지 않아도 자연스럽게 모어(母語)의 문법을 터득하게 된다. 그러나 모어를 터득하고 일정한 연령에 달한 자가 제2언어를 습득하기 위해서는 자각적이고 체계적인 학습이 필요하다. 예를 들면 일본인이 일본어를 말할 때, 한국인이 한국어를 말할 때, 자국어의 문법을 의식하고 있는 것은 아니다. 문법은 몰라도 일본인이 일본어를 말할 수 있고, 한국인이 한국어를 말할 수 있다. 하지만 외국어를 배울 때는 어떠한가? 일본인이 외국어를 배울 때도, 외국인이 일본어를 배울 때도 문법은 절대적으로 필요한 것이다.

문법을 자각적으로 파악하고 객관적으로 기술하기 위해서는 일정한 틀을 세워야한다. 그 틀을 세워 문법을 다루는 것이 문법론이며, 연구자에 따라서는 이 틀에 대한 입장의 차이가 있을 수 있다. 문법 체계를 연구하는 분야인 문법론은 연구대상에 따라 크게 형태론(形態論 Morphology)과 구문론(構文論 Syntax)으로 나누어지며, 후자는 통어론(統語論) 또는 통사론(統辞論)이라고도 한다.

형태론은 단어의 문법적 측면, 즉 단어의 형태가 문중에서의 역할에 따라 어떻게 형태를 바꾸는가를 연구하는 분야이고, 구문론은 문의 구조와 성립을 연구하는 분야이다.

2. 문법 단위

문(文)이란 무엇인가에 대해서는 종래의 수많은 학설에서 다양하게 규정되어 왔다. 일례로 일본의 전통적인 문법, 이른바 학교문법(学校文法)의 근간을 이루는 하시모토(橋本)문법에서 문이 어떻게 규정되고 있는지를 살펴보자.

선행 문법이 '하나의 완성된 의미와 생각·사상(思想)을 나타내는 말의 한 덩어리'라고 하여 의미적인 측면을 중시해 왔던 것에 비하여, 하시모토문법은 그것을 인정하면서도 외형적인 측면에 중점을 두고 있는 점이 특징이다. 그 외형이라는 것은 음성에 관한 것으로, 즉 문이란 음의 연속이고 대부분은 둘 이상의 단음 또는 음절이 결합해서 그것들이 계속해서 발음되며, 그 전후에는 반드시 음이 끊어지는 곳이 있다. 또 문 끝에는 특수한 음조가 더해져 그것에 의해 문이 종지되는 것으로 규정하고 있는데, 이상의 규정에 따르면 다음은 모두 각각 하나의 문으로 인정할 수 있다.

　雪!
　桜の花がきれいに咲いている。
　陳さんは中国からの留学生で、田中さんは日本からの留学生です。

　「雪!」는 이른바 1어문(一語文)이다. 「雪」는 '수증기가 공중에서 승화해 내리는 흰 결정'이라는 뜻을 나타내는 단어이지만 「雪!」로 표현되면 '눈이 내린다'라는 눈앞에 펼쳐지는 현상을 묘사하는 문이 된다. 즉 화자가 인식한 사항을 서술하고 있는 점에서는 뒤에 열거한 다른 문과 같으나, 주어와 술어가 미분화(未分化)된 구조를 갖는다는 점에서 차이가 있다.

　문은 다시 '실제 사용되는 말로서 자연스러운 의미를 갖는 가장 짧은 구절'인 문절(文節)과, '그것만으로 하나의 의미를 가지고, 그 이상 나누어지지 않는 말의 최소단위'인 단어(單語)로 구분된다. 단어는 일본어학에서 어(語)라고도 한다.

　문법 기술의 대상으로는 이상의 단어(單語)·문절(文節)·문(文)을 들 수 있고, 가장 큰 단위로는 문을 인정한다. 한편, 문장(文章)과 담화(談話)에도 문과 다르기는 하지만 통일성이 있고 문과 문의 연결에는 일정한 법칙성이 있다. 하지만 문에서 문장·담화를 형성해 가는 데에는 단어에서 문을 형성하는 것만큼 명확하고 체계적인 규칙성이 존재한다고는 생각할 수 없으므로 문장·담화의 구성 그 자체를 문법 기술의 대상으로 삼는 데에는 무리가 있다. 하지만 문은 보통 전후에 존재하는 문의 연속으로부터의 영향을 받으며 존재하고 있다.

따라서 문장·담화의 구성 그 자체를 문법 기술의 우선적인 대상으로 삼지는 않는다고 해도, 문이 가지고 있는 문맥형성상의 의미·기능과 문맥이 문에 부여하는 변용 등은 문법 기술의 대상으로서 분석·기술되어야 할 필요가 있을 것이다.

3. 학교문법과 일본어교육문법

학교문법은 현재 일본의 국어교과에서 교육되고 있는데, 이것은 균질적인 표준 일본어교육을 위해 당시의 일본 문부성(文部省)에 의해 종합·정리된 중등문법(1943-1945년)에서 시작되었다. 중등문법은 당시의 여러 문법학설 중에서 주로 하시모토 신키치(橋本進吉)의 문법학설을 받아들여 만들어졌다. 학교문법으로는 현대어의 정확한 이해와 표현을 위해 현대일본어를 체계적으로 정리한 구어문법과 고전문장의 이해를 위한 문어문법이 있다.

학교문법이 일본어 모어(母語) 화자를 대상으로 설정한 문법이라면 일본어교육문법은 외국어로서의 일본어 학습자를 대상으로 하는 점에서 차이가 있다. 일본어를 모어로 하는 사람에 대한 교육, 즉 국어교육과 일본어를 모어로 하지 않는 사람에 대한 교육, 즉 일본어교육은 확실히 구별되는데 문법에 있어서도 동일하다. 예를 들어 품사 인정과 분류면에서 보면 형용동사, 조동사를 각각 하나의 독립된 품사로 인정하는 학교문법과는 달리 일본어교육문법에서는 형용동사를 ナ형용사라 하여 형용사 속에서 하위분류하여 イ형용사와 함께 처리하고 있으며, 조동사도 하나의 독립된 품사로 인정하지 않고 변화어미 또는 접미어로 취급한다. 또한 다음과 같이 동사활용형의 종류와

명칭에서도 눈에 띄는 차이를 보인다.

〈동사활용형 명칭의 차이〉

학 교 문 법		일 본 어 교 육 문 법	
		사전형(=종지형)	書く
		어기(語基=연용형)	書き
미연형	書かない	부정형	書かない
연용형	書きます	조건형	書けば
종지형	書く	명령형	書け
연체형	書く時	의지형	書こう
가정형	書けば	テ형	書いて
명령형	書け	タ형	書いた
		가능형	書ける
		수동형	書かれる

품사

1. 품사분류

　문법적 성격에 따라 분류된 단어의 그룹을 품사(品詞)라고 한다. 품사 분류라는 것은 단어로 인정되는 것을 하나의 문 또는 문 연속 중에서 어떤 형태로 어떤 문법적 의미를 담당하고, 어떤 문법적 기능을 가지고 성분을 구성하는가라는 점에서 분류한 것이다.

　학교문법에서는 문절(文節)이라는 개념을 이용하여 단어를 10품사로 인정하고 있는데, 우선 독립해서 하나의 문절을 이룰 수 있는 자립어(自立語)와 단독으로는 문절을 이루지 못하고 자립어 뒤에 붙어 자립어와 함께 하나의 문절을 이룰 수 있는 부속어(付属語)로 나누어진다.

　예를 들어 다음 문의 「/」로 구분되는 5개의 문절은 다시 [　]를 붙인 것과 붙이지 않은 것으로 나누어진다. 즉 [きれいに], [いる]는 더 이상 나눌 수 없지만 그 밖의 다른 문절은 [桜], [花], [咲い]와 の, が, て로 나눌 수 있다. 이들이 모두 단어이다.

桜の/ 花が/ きれいに/ 咲いて/ いる。

⇒ [桜]の/ [花]が/ [きれいに]/ [咲い]て/ [いる]。

따라서 문절은 단 하나의 단어로 이루어지는 경우도 있고, 둘 이상의 단어로 이루어지는 경우도 있다고 할 수 있다. [きれいに], [いる]는 그것만으로 하나의 문절을 이루는 자립어이고, の, が, て는 그것만으로는 문절을 이루지 못하고 다른 자립어에 붙어 비로소 하나의 문절을 이루는 부속어이다.

자립어와 부속어는 다시 각각 활용을 하는 것과 활용을 하지 않는 것으로 나누어진다. 자립어 중 활용이 있고 술어가 되는 것을 용언(用言)이라 하고, 활용이 없고 주어가 되는 것을 체언(体言)이라 한다. 또 활용이 없는 것 중에는 수식어가 되는 것과 수식어가 되지 않는 것이 있다.

이상 학교문법에서의 품사분류를 표로 정리하면 다음과 같다.

〈학교문법에서의 품사분류〉

	활용의 유무	문중의 기능		품사
자립어	활용이 있다	술어		동사
				형용사
				형용동사
	활용이 없다	주어		명사
		수식어	연체	연체사
			연용	부사
		비수식어(독립어)		접속사
				감탄사
부속어	활용이 있다			조동사
	활용이 없다			조사

최근의 일본어교육문법에서는 학교문법의 분류 및 이론적 미비점을 들어 약간의 입장 차이를 보이고 있다. 일반적으로 명사, 동사, イ형용사, ナ형용사, 부사, 연체사, 접속사, 감동사(간투사), 조사 등의 9품사를 인정한다. 일본어교육문법에서의 품사분류를 학교문법에서의 품사분류와 대조시키면 다음과 같다.

〈품사분류 및 명칭 대조〉

학 교 문 법	일 본 어 교 육 문 법
명사	명사
동사	동사
형용사	イ형용사
형용동사	ナ형용사
부사	부사
연체사	연체사
접속사	접속사
감동사	감동사(간투사)
조사	조사
조동사	—

2. 주요 품사

문의 기본적 골격을 구성하는 주요 품사로는 명사, 동사, 형용사(イ형용사, ナ형용사)가 있다. 명사는 문의 주어(主語)로서 서술을 받는 구문적 역할을 담당한다. 동사와 형용사는 활용(活用)이라는 어형변화를 하고, 서술을 하는 구문적 역할을 담당한다. 또한 부사와 연체사는 어형변화를 하지 않고, 골격이 되는 구문의 성분에 의미적인 한정

을 가하는 품사이다. 연속되는 문에서 문과 문을 접속하는 기능을 갖는 접속사와 단독으로 문을 구성할 수 있는 감동사로 분류되며 양쪽 모두 어형변화를 하지 않는다.

조사와 조동사는 문법적 기능만을 갖고 어휘적 의미를 갖지 않아 독립적으로 사용되지 못하며, 단어로 인정하는 입장과 인정하지 않는 입장으로 갈린다.

1) 명사

명사는 사물의 이름을 나타낸다. 많은 경우 「が」, 「を」, 「に」등의 격조사를 수반하여 주어(主語)나 보어(補語) 등 문성분의 중핵부분을 이룬다. 이 경우는 사태를 구성하는 인물, 사물, 현상이라는 실체적 의미를 갖는 단어로서 기능하고, 동사나 형용사가 나타내는 사태의 주체(主体) 또는 대상(対象)이라는 의미적인 역할을 한다.

友達が 私に 花を くれました。
주어　보어　보어

또한 독립적으로 술어(述語)를 만들지 못하지만 「だ」, 「である」, 「です」등을 수반하여 문의 술어를 만들 수 있다.

隣のビルが郵便局だ/である/です。
술어

2) 동사

동사는 문의 술어가 되는 것을 주요 기능으로 한다. 외형적으로 「ウ

段」으로 끝나며, 의미적으로는 동작, 변화, 상태 등을 나타낸다.

　　私は朝6時に<u>起きる</u>。
　　日が<u>暮れた</u>。
　　弟は自分の部屋に<u>いる</u>。

　동사는 활용을 하며 태(態 Voice), 상(相 Aspect), 서법(叙法 Mood) 등의 문법 카테고리에 따라 변화한다.

〈동사의 문법 카테고리〉

	태	상	서법
読む	読まれる/読ませる	読んでいる	読もう/読め

　동사활용의 종류에 따라서는 5단활용동사·1단활용동사·불규칙 동사로 나눈다. 5단활용동사의 テ형 또는 タ형을 만들 때 음편(音便) 현상이 일어나는데, 동사의 어말음절(語末音節)에 따라 イ음편·촉음 편·발음편으로 분류된다.

〈동사 음편의 종류〉

・イ음편

　어말음절이 「-く」「-ぐ」일 때는 イ음편이 된다.

　「-ぐ」의 경우는 「-いで」가 된다.

　　書く → 書いて　　泳ぐ → 泳いで

・촉음편

　어말음절이 「-う」「-つ」「-る」일 때는 촉음편이 된다.

　　買う → 買って　　待つ → 待って　　乗る → 乗って

　예외) 行く → 行って

・발음편

　어말음절이 「-ぬ」「-む」「-ぶ」일 때는 발음편이 된다.

　모두 「-んで」가 된다.

　　死ぬ → 死んで　　飲む → 飲んで　　遊ぶ → 遊んで

3) 형용사

　형용사는 활용을 하고, 명사를 수식하거나 문의 술어로서 속성을 서술한다. イ형용사와 ナ형용사로 나뉘는데, 단순히 형용사라 하면 양자를 포함하거나 문맥에 따라서는 イ형용사만을 지칭하기도 한다.

　　着物の姿が美しい。　　　　美しい姿

　　花瓶の花がきれいだ。　　　きれいな花

ナ형용사는 연체수식을 할 때 어미가 「ナ」로 변하는 데 따른 명칭으로, イ형용사를 보충해주는 형용사로 추상적인 의미를 갖는 것이 많다. 기원에 따라 고유일본어계·한자어계·외래어계로 나뉜다.

〈기원별 ナ형용사의 예〉

・고유일본어계					
きれいだ	静かだ	真面目だ	上手だ	丈夫だ	盛んだ
大事だ	大切だ	大丈夫だ	幸せだ	素直だ	立派だ
・한자어계					
便利だ	不便だ	正確だ	完全だ	明白だ	幸福だ
危険だ	優秀だ	有名だ	豪華だ	活発だ	快適だ
・외래어계					
ハンサムだ		ユニークだ		ノーマルだ	
デリケートだ		クールだ		センチメンタルだ	

형용사는 사람이나 사물의 성질, 특징 등의 속성을 나타내는 속성형용사와 사람의 감정·감각 등을 나타내는 감정형용사로도 나뉜다. 양쪽으로 쓰이는 형용사도 있다.

富士山は<u>高い</u>。　　　(속성형용사)

私は<u>嬉しい</u>。　　　(감정형용사)

あの町は<u>寂しい</u>。　　(속성형용사)

一人ぼっちで<u>寂しい</u>。　(감정형용사)

<속성형용사 · 감정형용사>

· 속성형용사

大きい	高い	長い	丸い	激しい	柔らかい
元気だ	親切だ	静かだ	勤勉だ	高価だ	上品だ

· 감정형용사

嬉しい	ほしい	懐かしい	恥ずかしい
痛い	眠い	いやだ	残念だ

· 양쪽 성질을 갖는 형용사

暑い	寒い	怖い	寂しい	難しい	つまらない

감정형용사는 주어의 인칭 제한을 받는다. 예를 들면 「彼女は恥ず
かしい。」와 같은 3인칭 주어문에는 사용할 수 없다. 그 이유는 제삼
자의 감정은 직접 알 수 없고 외관상으로 추측할 수밖에 없기 때문으
로, 인칭 제한을 해소하려면 예를 들어 다음과 같이 바꿔야 한다.

彼女は恥ずかし<u>がっている</u>。
彼女は恥ずかしい<u>ようだ/らしい/のだ</u>。

4) 부사

부사는 어형변화를 하지 않는 품사로, 주로 뒤에 오는 용언 수식을
주요 기능으로 한다. 문 내용의 동작과 변화를 수식하는 상태부사(状態
副詞)와 동작과 상태의 정도 개념을 나타내는 정도부사(程度副詞), 보통
문 앞부분에 위치해서 술어의 진술방법을 한정하는 진술부사(陳述副詞)

로 나뉜다. 상태부사는 양태부사(樣態副詞)라고도 한다.

週末は<u>のんびり</u>休みたい。　　　(상태부사)

その話には<u>とても</u>驚いた。　　　(정도부사)

<u>まるで</u>夢でも見ているようだ。　(진술부사)

〈상태부사・정도부사・진술부사〉

· 상태부사

ゆっくり　　のんびり　　ぼんやり　　はっきり(と)　　しだいに

堂々と　　　どんどん　　ぐっすり　　ザーザー(と)　　にやにや

· 정도부사

すこし　　ちょっと　　あまり　　かなり　　たくさん　　たいへん

とても　　たいそう　　ごく　　　最も　　　非常に　　　もっと

· 진술부사

たぶん/ おそらく (~だろう)　まさか (~ないだろう)

まるで/ あたかも (~ようだ)　決して/ 必ずしも/ とても (~ない)

もし (~ば/ ~たら/ ~なら)　　たとえ (~ても)

활용

제 3 절

1. 활용과 활용어

단어에는 고정된 형태를 갖는 것과 기능의 차이에 따라 형태를 바꾸는 것이 있다. 예를 들면 「机」는 항상 일정한 형태를 하고 있지만 「書く」는 문중에서 기능의 차이에 대응해서 어형이 변화한다. 기능의 차이에 의해 어형이 변화하는 것을 활용(活用)이라 하고, 활용하는 단어를 활용어(活用語)라고 한다. 여러 품사 중에서 활용어에 해당되는 것은 술어에 관계되는 품사로, 동사, 형용사(イ형용사, ナ형용사), 조동사를 들 수 있다.

2. 어휘적 의미와 문법적 의미

아래 문의 밑줄부분에는 공통부분과 다른 부분이 있다. 공통되는 점은 「書く」라는 말이 갖는 '사람이 종이 등에 문자를 적다'라는 의미이다. 이와 같이 어형변화에 의해서도 잃지 않는, 그 말이 갖는 기본적인 의미를 어휘적(語彙的) 의미라 한다. 사전에 등재되어 있는 내용이 바로 이 어휘적 의미이다.

> 私はあまり手紙を<u>書かない</u>。
> 毎日手紙を<u>書きます</u>。
> 姉はよく手紙を<u>書く</u>。
> 早く<u>書け</u>。

한편 위의 「書く」와 「書かない」, 그 밖의 품사 중에서 「高い」와 「高くない」, 「静かだ」와 「静かではない」, 「本だ」와 「本ではない」 등은 각각 긍정과 부정의 의미로 대립되는데, 이와 같이 술어의 어휘적 의미와는 별도로 술어가 문중에서 나타내는 의미를 문법적 의미라 한다. 일본어의 술어는 문중에서 사용될 때 문법적 의미를 나타내기 위해 어형을 바꾸어 활용을 한다고 설명할 수 있다.

3. 활용표

1) 동사의 활용

학교문법에서는 동사활용의 종류로 5단활용, 상1단활용, 하1단활용, カ행변격활용, サ행변격활용의 다섯 가지를 들고 있으나, 크게는 5단활용, 1단활용, 변격활용의 세 가지로 합해진다. 일본어교육에서는 이 세 가지가 각각 다른 용어로 사용되기도 하는데, 해당동사 예도 함께 제시하면 다음과 같다.

〈동사활용의 종류와 해당동사 예〉

5단활용동사	1단활용동사	변격활용동사
Ⅰ류/1그룹동사	Ⅱ류/2그룹동사	Ⅲ류/3그룹동사 불규칙동사
자음어간동사	모음어간동사	
u동사	ru동사	
会う　書く　話す 待つ　死ぬ　読む 乗る　泳ぐ　遊ぶ	起きる　見る　食べる 寝る	来る　する
要る 切る 帰る 減る 耽る 知る 入る 走る 照る 蹴る 茂る けちる　　しゃべる	居る　着る　変える 経る　更ける	愛する　　買い物する 勉強する　散歩する 運動する　活躍する

활용어는 원칙적으로 변화하지 않는 부분과 변화하는 부분으로 이루어진다. 변화화지 않는 부분을 어간(語幹)이라 하고, 변화하는 부분을 어미(語尾)라 한다. 어간은 활용어간, 어미는 활용어미라고도 한다.

위의 표 속의 자음어간동사·모음어간동사는 각 동사의 어간에 주목하여 붙인 명칭이다. 즉 활용어미 「·u」「·ru」를 제거하고 남은 어간이 각각 자음, 또는 모음인 점에 따른 명칭이다.

　　書く [kak·u]　　乗る [nor·u]　　　: k, r (자음)
　　起きる [oki·ru]　食べる [tabe·ru]　: i, e (모음)

u동사·ru동사는 각 동사의 어미에 주목하여 붙인 명칭이다.

　　書く [kak·u]　　乗る [nor·u]　　: u
　　起きる [oki·ru]　食べる [tabe·ru]　: ru

〈동사활용표 예시〉

	5단(활용) 동사	1단(활용) 동사	불규칙 동사	
기본형 / 종지형	書く kak・u	食べる tabe・ru	来る ku・ru	する su・ru
부정(ナイ)형	書かない kak・anai	食べない tabe・nai	来ない ko・nai	しない si・nai
정중(マス)형	書きます kak・imasu	食べます tabe・masu	来ます ki・masu	します si・masu
중지형	書き kak・i	食べ tabe	来 ki	し si
과거(夕)형	書いた kai・ta	食べた tabe・ta	来た ki・ta	した si・ta
テ형	書いて kai・te	食べて tabe・te	来て ki・te	して si・te
연체형	書く(時) kak・u	食べる(時) tabe・ru	来る(時) ku・ru	する(時) su・ru
조건(バ)형	書けば kak・eba	食べれば tabe・reba	来れば ku・reba	すれば su・reba
명령형	書け kak・e	食べろ tabe・ro	来い ko・i	しろ si・ro
의지((ヨ)ウ)형	書こう kak・oo	食べよう tabe・yoo	来よう ko・yoo	しよう si・yoo

2) 형용사의 활용

일본어교육에서는 학교문법에서의 형용사와 형용동사를 알기 쉽게 각각 イ형용사, ナ형용사라는 명칭으로 사용한다. 그 밖에 제1형용사, 제2형용사라는 명칭을 사용하기도 한다.

〈형용사활용표 예시〉

	イ형용사	ナ형용사
기본형 / 종지형	高い taka・i	静かだ sizuka・da
추량(ウ)형	高かろう taka・karoo	静かだろう sizuka・daroo
과거(タ)형	高かった taka・katta	静かだった sizuka・datta
부정(ナイ)형	高く(は)ない taka・ku(wa)nai	静かで(は)ない sizuka・de(wa)nai
중지형	高く taka・ku	静かで sizuka・de
テ형	高くて taka・kute	静かで sizuka・de
부사형	高く(なる) taka・ku	静かに(なる) sizuka・ni
연체형	高い(時) taka・i	静かな(時) sizuka・na
조건(バ)형	高ければ taka・kereba	静かならば sizuka・naraba

3) 조동사의 활용

동사, 형용사와 같이 조동사도 활용을 한다. 동사활용형((さ)せる/ (ら)れる), 형용사활용형(ない/ たい/ らしい), 형용동사활용형(ようだ / (し)そうだ/ (する)そうだ/ だ), 특별활용형(ます/ です/ た/ ぬ), 무 변화형((よ)う/ まい) 조동사 등 다섯 가지로 나누어진다.

문의 종류와 구조

제4절

1. 문의 성분

문(文)이란 언어를 사용하는 커뮤니케이션 활동의 기본 단위이다. 문은 문을 구성하는 성분의 분화정도에 따라, 문이 분화되지 않고 1개의 단어(単語)로 이루어진 1어문(一語文)과 2개 이상의 단어로 이루어진 문으로 구분된다. 1어문의 예는 다음과 같다.

あれ？
はい。
火事！

문법규칙에 따라 2개 이상의 단어로 문을 구성함으로써 공간적·시간적으로 떨어져 있는 사상(事象)도 전달할 수 있다.

大通りで火事があった。
明日までは待ちます。

문은 하위 단위인 단어가 모여서 만들어지며 하나의 통합적인 의미를 나타내게 된다.

> 桜の花が咲く。
> ⇒ [桜] [の] [花] [が] [咲く]

위의 문은 실질개념을 나타내는 단어 [桜], [花], [咲く]와 통어기능을 나타내는 단어 [の], [が]로 이루어져 있다고 볼 수 있다.

문은 크게 주어부와 술어부로 나누어지며 문의 성분에는 다음과 같은 것이 있다.

1) 주어

술어가 나타내는 속성의 소유주로 핵심적 문 성분이다.

友達が本をくれた。

2) 술어

핵심적 문 성분으로 넓은 의미의 속성, 즉 운동, 상태, 특성, 관계, 질(質)을 나타낸다. 긍정·부정, 태, 시제, 상, 서법과 같은 문법적 카테고리가 전형적인 형태로 분화한다.

雨が降っている。　（운동）

最近彼は忙しい。　（상태）

彼はやさしい。　　（특성）

彼女は姪に当たる。　（관계）

鯨は哺乳動物だ。　　（질）

3) 보어

술어가 나타내는 사태의 성립에 필요한 대상(対象)을 보충하는 문
성분으로 주어와 강력한 관계를 맺는 직접보어와 수식어나 상황어(状
況語)에 연결되는 간접보어로 나뉜다.

友達が 妹に 本をくれた。

4) 상황어

술어와 보어로 이루어지는 사태 및 현상 전체를 둘러싸고 있는 외
적 상황인 시간, 장소, 원인, 목적, 장면 등을 나타내는 임의적인 문
의 성분이다.

先週、日本へ行ってきた。
部屋で本を読んでいる。

5) 연용수식어

술어가 나타내는 속성의 내적특징, 즉 모습, 정도, 양을 보다 자세
하게 표현하는 임의적인 문의 성분이다.

ご飯をたくさん食べた。

6) 연체수식어

명사로 이루어지는 문 성분인 주어와 보어를 더 상세하게 한정하는 간접적인 문의 성분이다.

真っ白い雪が積っている。

7) 독립어

문장의 객관적 내용에 대한 화자의 태도나 다른 문과의 관계를 나타내는 비교적 자립도가 높은 문 성분으로 문의 첫 머리에 위치하는 경우가 많다.

ええ、そのとおりです。

2. 문의 종류

문은 술어의 종류, 전달목적, 서술관계의 기준에서 각각 다음과 같이 분류된다.

1) 술어의 종류에 의한 분류

문은 술어를 이루는 성분의 종류에 따라 동사술어문과 형용사술어문, 그리고 명사술어문으로 나뉜다.

① 동사술어문   ② 형용사술어문

    私は図書館に行った。   昨日は寒かった。

    庭にいぬがいる。   私は体が丈夫だ。

③ 명사술어문

    彼は英語の教師だ。

    春の花は桜が一番だ。

2) 전달목적에 의한 분류

문은 화자가 어떠한 의도를 갖고 문을 전달하고자 하는지 그 목적에 따라 다음과 같이 나눌 수 있다.

① 전달문(伝達文)   ② 의문문(疑問文)

    私は学生です。   雪でも出かけますか。

    雨の日は出かけない。   明日休まないの？

③ 명령문(命令文)   ④ 감탄문(感嘆文)

    早く答えなさい。   あ、うれしい。

    夕方までに戻ってきて。   あら、立派なこと。

⑤ 원망문(願望文)   ⑥ 청유문(請誘文)

    明日は晴れてほしい。   ねえ、ちょっと。

    早く家に帰りたい。   さあ、速く行こう。

3) 서술관계에 의한 분류

문은 절(節)의 수에 따라 단문(單文)과 중문(重文)·복문(複文)으로 나뉘고, 중문과 복문은 서술관계에 따라 나뉜다.

① 단문은 하나의 절(節)로 이루어진 문을 말한다.

犬は動物だ。

私は大学生です。

② 중문은 두 개 이상의 절로 이루어진 문을 말한다.

犬は好きで、猫はきらいだ。

春は暖かくて、好きです。

③ 복문은 주절과 종속절로 이루어진 문을 말한다.

春になれば、花が咲く。

あなたが行くなら、私も行きます。

3. 문의 구조와 문법 카테고리

어떠한 사태를 표현할 때 거기에는 소재로서의 객관적 사실과 그 내용에 관한 화자의 주관적인 서술태도가 나타나 있다. 이와 같은 관계는 일본어의 문의 구조에 다음과 같이 반영되어 있다.

객관적 사실	주관적 서술태도

위와 같이 문은 객관적 사실을 주관적 서술태도가 감싸고 있는 구조를 하고 있다. 객관적 사실을 나타내는 부분에는 태(態), 상(相), 긍정(肯定)·부정(否定), 시제(時制)와 같은 문법 카테고리가 포함되고, 주관적 서술태도는 서법(叙法)을 나타내는 부분이다. 후자는 다시 객관적 사실에 대한 태도 부분과 청자에 대한 태도 부분으로 나누어진다.

田中 は <u>行っ</u> <u>てい</u> <u>な</u> <u>かった</u> <u>んだろうか</u> 。
       ① ② ③   ④   ⑤

① 태　　② 상　③ 긍·부정　④ 시제　⑤ 서법

일본어의 경우 각각의 문법 카테고리를 나타내는 형식은 위와 같은 순서로 나타내지며, 서법은 다시 「んだ(のだ)」가 나타내는 객관적 사실에 대한 태도와 「だろうか」가 나타내는 청자에 대한 태도로 나누어진다.

격과 격조사

제 5절

1. 격의 정의

격(格)은 격조사(格助詞)를 동반한 명사가 문 안에서 나타내는 의미역할(意味役割 Semantic Role)을 말하며 문의 핵심을 이루는 동사와 명사와의 관계를 격관계라고 한다. 예를 들어 「読む」라는 동사가 나타내는 사태는, 주격조사 「が」로 표시되는 동작주(動作主 agent)와 대격조사 「を」로 표시되는 대상(対象)을 필수요소로 한다. 이때의 주격(主格 Nominative)과 대격(対格 Accusative)을 형태격(形態格)이라 하고, 동작주와 대상을 의미격(意味格) 또는 의미역할이라고 한다. 또한 동사 「読む」의 필수요소는 동작주와 대상이며 「読む」의 격틀[格枠組み]은 [が<動作主>, を<対象>]와 같이 나타낸다.

2. 형태격과 의미격

형태격의 종류에는 주격, 대격, 여격, 탈격 등이 있고 일본어의 형

태격의 종류에는 ガ격, ヲ격, ニ격 등이 있다. 이 형태격은 의미적 역할을 나타내는 의미격과 대응하고 있는데. 그 대응관계는 반드시 1대 1의 관계를 맺는 것은 아니다.

〈형태격과 의미격〉

형 태 격	ガ격, ヲ격, ニ격, ヘ격, デ격, カラ격, マデ격, ト격, ヨリ격, ゼロ격
의 미 격	동작주, 경험자, 대상, 장소, 상대, 도달점, 출발점, 경과역
대응관계	주격(ガ) : 동작주, 경험자, 대상 대격(ヲ) : 대상, 출발점, 경과역 여격(ニ) : 장소, 상대, 도달점, 경험자

- 동작주　花子が花瓶を壊した。
- 경험자　(私が)寂しかった(こと)。　私にできるはずがない。
- 상　대　先生に相談する。
- 대　상　花瓶が壊れた。　　　花子が花瓶を壊した。
- 장　소　机の上に花瓶がある。　教室で勉強する。
- 출발점　六時に大学を出ます。　三時から会議です。
- 도달점　大学に行きます。　　駅まで行きます。
- 경과역　橋を渡ります。

시제·상

1. 시제

시제(時制 tense)란 말하는 시점을 기준으로 사태(事態 event)의 시간적 전후 관계를 문제시 하는 문법범주이다. 시간의 흐름에 따라 과거, 현재, 미래 시제가 있고 시간적 개념이 문제시 되지 않는 초시제(超時制)가 있다. 시제는 모든 술어문에 존재하는 문법범주이다.

1) 미래시제

운동동사의 기본형이 미래를 나타낸다. 상태동사나 형용사·명사 술어문의 경우는 기본형이 미래시제의 부사와 함께 사용되어 미래를 표현할 수 있다.

すこし休みます。

明日は午後から授業がある。

土曜日は忙しいです。

来年から高校生です。

2) 현재시제

상태동사는 기본형으로 현재를 나타낸다. 그러나 운동동사의 기본형은 현재를 나타내지 못하고 「ている」형이 현재를 나타낸다. 형용사・명사술어는 기본형으로 현재를 나타낸다.

ロバートさんは日本語ができます。

ケリーさんはテレビを見ている。

薄着でとても寒い。

娘は大学生です。

3) 과거시제

과거 표현은 운동동사 및 상태동사, 형용사문, 명사문 모두에서 나타난다.

お昼は食べました。

その木は昔からそこにありました。

東京よりロンドンの方が物価が高かった。

キャンパスは静かだった。

彼は若いころ英語の先生だった。

4) 초시제

기본형으로 시간을 초월한 원리, 자연 법칙 등을 나타낼 수 있다.

春は暖かい。
一年は12ヶ月だ。
太陽は東の方からのぼる。
水は上から下へと流れる。

2. 상

상(相 Aspect)이란 동사가 나타내는 운동이 시작되어 종결되는 시점까지의 어느 부분에 위치해 있는지를 문제시하는 문법범주이다. 즉 동사가 나타내는 운동은 시간의 흐름과 함께 진행되는데 그 운동의 국면(局面)을 파악하는 법과 관련된 문법범주이다.

시제와 상은 모두 시간에 관계된 문법범주인데, 상은 동사가 나타내는 운동이 기준이 되는 시간과 어떻게 관련되는지에 관한 범주이고, 시제는 동사가 나타내는 운동이 시간 축 상의 어디에 위치하는가에 관한 범주이다.

일본어의 상은 다음과 같이 완성상(完成相)과 계속상(継続相)이 대립을 이룬다. 완성상은 운동을 펼치지 않고 파악하는 것이고 계속상은 운동의 국면을 펼쳐서 파악하는 것이다. 「る/ た」형은 완성상을 나타내고 「ている/ ていた」형은 계속상을 나타낸다. 「ている」형이 나타내는 의미는 다음과 같다.

1) 기본적 의미

동사는 「ている」형이 되면 동사가 기본적으로 갖고 있는 의미에 따라 동작진행을 나타내거나 결과지속을 나타낸다.

小説を読んでいる。　　　 (동작진행)
落ち葉が落ちている。　　 (결과지속)

2) 파생적 의미

동작진행이나 결과지속의 의미는 동사가 원래 갖고 있는 의미에 따라 우선적으로 나타내지는 기본적 의미인데 이 기본적 의미는 부사의 첨가나 문맥에 따라 반복이나 경험 등의 의미를 나타낼 수 있다.

毎朝、公園を走っている。　　 (반복)
一年前に、日本に行っている。 (경험)

동사는 의미에 따라 크게 상태동사(狀態動詞)와 운동동사(運動動詞)로 나눌 수 있는데, 기본적으로 상태동사는 상의 대립을 보이지 않으며 운동동사에 한정되어 상의 대립을 보인다. 동사는 원래 갖고 있는 의미에 따라 「ている」형이 붙어서 동작진행을 나타내는 동사가 있고 결과지속을 나타내는 동사가 있다. 일본어의 동사를 상적 의미를 기준으로 분류하면 다음과 같다.

〈상적 의미에 따른 동사분류〉

동사의 종류		의미특징	している의 의미	동사 예			
상태 동사		상태	상의 대립 없음	ある そびえる 反する	要る 似る 属する	(~に)あたる すぐれる 違う	こる 異なる
운 동 동 사	동작 동사	주체동작	동작진행 (능동·수동)	殴る 飲む 歩く	打つ 動く	叩く 飛ぶ	読む 笑う
	변화 동사	주체동작 · 객체변화	능동 : 동작진행 수동 : 결과지속	温める 固める 炊く	開ける 乾かす 磨く	編む 壊す	折る つぶす
		주체변화	결과지속	かぶる 上がる 寝る	着る 座る 戻る	握る 立つ 死ぬ	持つ 起きる
		객체변화	결과지속	温まる 切れる 消える	開く 乾く 冷める	片づく くもる	折れる 壊れる

工藤真田美(1995)의 분류에 기초하여 재정리한 것임.

태

태(態 Voice)란 동사가 나타내는 사태를 사태 참여자의 어느 쪽의 입장에서 문을 기술할 것인가에 관한 문법 카테고리이다. 그 선택에 따라 동작주체를 주어로 둘 수도 있고 동작의 대상을 주어로 둘 수도 있다. 협의의 보이스는 능동과 수동의 대립을 가리키며, 광의의 보이스에는 수동에 더하여 자동사와 타동사, 사역, 가능, 자발, 수수표현 등이 이에 속한다.

1. 수동문

수동문(受動文 Passive)이란 어떠한 행위의 영향을 받은 대상을 주어에 두고 동작주체는 여격을 취하는 문의 형태를 말한다. 주어가 받는 영향이 직접적이면 직접수동문, 간접적이면 간접수동문이 된다. 수동문에 대응하는 문을 능동문이라 한다.

1) 직접수동문

동작주체와 대상이 참여하는 사태인 타동사문 중에서 타동성이 강한 경우에 직접수동문이 만들어진다. 타동성이 강하다는 것은 여러가지 기준이 있을 수 있는데, 대표적으로 행위가 일어남으로 인하여 대상의 변화를 초래하는 경우, 즉 변화동사를 타동성이 강한 동사라한다.

직접수동문은 능동문의 주어와 대상이 자리바꿈을 하며 격조사의교체가 일어나고 동사가 수동형으로 만들어짐으로써 성립된다.

学生たちは金先生を尊敬する。

→ 金先生は学生たちに尊敬される。

先生は僕をほめました。

→ 僕は先生にほめられました。

2) 간접수동문

간접수동문은 능동문의 주어가 자리바꿈을 하여 「に」격 보어가 되고, 능동문에는 존재하지 않는 인물이 주어 자리에 온다. 의미는 주어가 일어난 사태에 의하여 간접적으로 영향을 받는 것을 나타낸다. 주로 피해를 입었다는 의미가 되어 피해수동[迷惑の受身]이라고도 한다.

夜遅くお客さんに来られて、起こされた。

雨に降られて、風邪を引いてしまった。

3) 소유자 수동문

사태의 대상이 주어가 되지 못하고 대상의 소유자가 주어가 되어 사태를 서술하는 형태이다. 따라서 간접수동의 주어와 「ヲ」격 보어 사이에는 소유관계가 성립된다.

　　子供が犬に<u>指を</u>かまれた。
　　花子はどろぼうに<u>自転車を盗まれた</u>。

4) 비정물주어 수동문

단독의 동작주체를 상정(想定)하기 어려운 사태를 나타내는 수동문으로 대응하는 능동문을 갖지 않는다. 이 유형의 수동문의 주어는 무생물 또는 비정물이라는 의미특징을 갖는다.

　　新しい<u>法案が可決された</u>。
　　このグラウンドには<u>人工芝生が敷かれている</u>。

2. 사역문

사역문(使役文 Causative)은 기본적으로 타동사와 유정물주어 자동사문에서 만들어진다. 이를 기본문 또는 기저문(基底文)이라 한다. 기본문의 실제 동작주체는 여격(与格) 자리로 이동하여 피사역자(被使役者 Causee)가 되고 제삼의 인물이 사역주(使役主 Caser)로서 문의 주어 자리를 차지하는 형식이다.

弟が荷物を運んだ。

　→ 母が弟に荷物を<u>運ばせた</u>。

学生が走った。

　→ 先生が学生に<u>走らせた</u>。

　　先生が学生を<u>走らせた</u>。

　자동사의 사역문은 기본문에「を」격 보어가 없기 때문에 피사역자를「を」격으로 나타내기도 한다. 피사역자를「に」격으로 나타내는 경우와는 의미적으로 차이가 있다.

1)「を」사역문과「に」사역문

　자동사 사역문의 경우 피사역자는「を」나「に」중 어느 것을 써도 무방하나 의미 차이가 난다.「を」사역문은 강제적으로 어떠한 행위를 시킨다는 의미가 포함되는 반면,「に」사역문은 피사역자의 의지를 존중하면서 어떠한 행위를 하게 한다는 뉘앙스가 포함된다.

　　いやがる子供をプールで<u>泳がせた</u>。

　　もっと遊びたがる子供に<u>遊ばせて</u>おいた。

　　父が兄を空港まで迎えに<u>来させた</u>。

　　父が兄に空港まで迎えに<u>来させた</u>。

2) 사역문의 의미・용법

　사역문은 주로 사람이 사람으로 하여금 어떠한 행위를 하게 한다는 의미를 나타내기 때문에 의지를 가진 두 존재가 사태에 관여한다. 이 두 존재 사이의 역동적인 관계가 성립되기 때문에 사역문은 다양한 의미·용법을 나타낼 수 있다. 우선 전형적인 사역문과 비전형적인 사역문으로 나눌 수 있다.

① 전형적인 사역문

사역주의 간접적인 행위에 따라 피사역자(동작주)가 어떠한 행위를 함으로써 사역주가 의도한 바를 달성한다는 뜻을 나타낸다. 지시사역, 허가사역, 방임·방치사역이 있다.

先輩が後輩に椅子を運ばせた。   (지시사역)
先生が僕にあいさつの言葉を読ませてくださった。   (허가사역)
私はだまって友達にしゃべらせておいた。   (방임·방치사역)

② 비전형적인 사역문

전형적인 사역문과는 달리 사역주의 실질적인 행위 자체가 존재하지 않거나 사역주가 직접적인 동작을 행하는 뜻을 나타내는 경우를 비전형적 사역이라 한다. 이 유형에는 비사역행위의 사역, 직접적 사역행위의 사역, 조작사역, 원인사역이 있다.

交通事故で子供を死なせてしまった。   (비사역행위)
子供に帽子をかぶらせて出かけた。   (직접적 사역행위)
僕は車を走らせて、家へ急いだ。   (조작사역)
先生の怒った声が太郎をこわばらせた。   (원인사역)

3. 자·타동사

일본어의 동사에는 동일한 어근(語根)을 갖는 자·타동사가 많으며 이와 같은 자·타동사의 대응을 어휘적 보이스로 취급하기도 한다.

花瓶が<u>壊れる</u>。　　　(kowa-re-ru)
　↓
花子が花瓶を<u>壊す</u>。　　(kowa-s-u)

파생의 방향은 일반적으로 일어나기 쉬운 사태가 먼저 존재하고 이를 표현하는 자동사 또는 타동사가 존재하며, 여기에 타동 또는 자동의 형태소가 붙어서 타동사 또는 자동사가 파생된 것이라고 보는 것이 일반적이다. 또한 자동화와 타동화가 아닌 양극화의 패턴도 인정되고 있다. 자동사와 타동사의 대응 양상에는 몇 가지의 파생패턴이 보인다.

〈동사의 자·타대응과 형태소〉

자동형태소	타동형태소	대응하는 자·타동사
-ø-	-e-	開く-開ける, 沈む-沈める, 屈む-屈める
	-se-	被る-被せる, 載る-載せる, 浴びる-浴びせる
	-as-	凍る-凍らす, 乾く-乾かす, 飛ぶ-飛ばす
-e-	-as-	冷める-冷ます, 燃える-燃やす, 枯れる-枯らす
	-ø-	折れる-折る, 割れる-割る, 焼ける-焼く
-r-	-s-	転がる-転がす, 移る-移す, 回る-回す
-re-	-s-	壊れる-壊す, 流れる-流す, 倒れる-倒す
-ar-	-ø-	挟まる-挟む, くるまる-くるむ, 繋がる-繋ぐ
	-e-	重なる-重ねる, 下がる-下げる, 固まる-固める

자동화와 타동화 등 파생의 방향에 관해서는 표기하지 않았음.

4. 자발문

자발(自発)이란 어떠한 사태·행위 등이 저절로 일어나는 것을 나타낸다. 일부 동사에서만 파생한다는 점에서는 생산적인 문법범주는 아니라고 할 수 있다. 자발문에는 「-(a)れる」형 자발문과 가능동사 형식의 자발문이 있다. 「-(a)れる」형 자발문은 「思う, 思い出す, 偲ぶ, 案じる, 忘れる, 感じる, 安心する, 心配する」 등 일부 동사에서 만들어진다.

夏休みが<u>待たれる</u>。

心暖かく<u>感じられる</u>。

또한「泣く, 笑う」등 일부 5단동사에서 가능형식의 자발문이 만들어진다.

そのドラマは<u>泣ける</u>。

その話、<u>笑える</u>ね。

5. 가능문

가능문(可能文)이란 주어가 일시적 상태로써 또는 항시적인 능력으로써 어떠한 행위・동작이 가능한 상태에 있음을 나타내는 문법범주이다. 가능문을 만드는 방법에는 동사의 파생에 의한 방법, 복합동사에 의한 방법 등이 있다.

1) 가능동사

1단동사와「来る」의 경우「れる」형태의 축약형도 쓰인다. 특히 회화체에서는 축약형의 사용이 우세하다.

<〈가능동사와 축약형〉

	가 능 형		축 약 형
5단동사	行く	行ける	―
	読む	読める	―
1단동사	見る	見られる	見れる
	着る	着られる	着れる
불규칙동사	する	できる	―
	来る	来られる	来れる

'읽을 수 있다'는 「読める」, 「読み得る」, 「読むことができる」와 같이 세 가지로 나타낼 수 있는데 「読み得る」와 같은 복합동사 형태는 문어적 표현이다. 「~し得る」형 가능문은 능력을 나타내는 경우에는 쓸 수 없다.

そういうふうにも考え得る。
それはあり得ないことだ。
花子はドイツ語が話し得る。(×)

「~することができる」형 가능문의 경우, 우리말 '~할 수가 있다'에 대응하는 표현으로 대부분의 동사에서 만들어진다.

いつでも帰ることができる。
まゆみは車を運転することができる。
三時間続けて勉強することができる。

6. 수수문

수수(授受) 표현은 동사「やる(あげる)、くれる、もらう」로 표현하거나 보조동사「~てやる(あげる)、~てくれる、~てもらう」로 나타낸다. 수수동사문은 물건을 주고받는 표현이고 보조동사문은 은혜행위의 수수를 표현하는 문이다.

1) 수수동사문

「あげる」문은 화자나 화자의 가족이 제삼자에게 주는 행위를 나타낸다.

> 私が子供におかしをあげました。
> 兄が木田さんに本をあげました。

「くれる」문은 제삼자가 화자나 화자의 가족에게 주는 행위를 나타낸다.

> 友達がプレゼントをくれました。
> 友達が弟におもちゃをくれました。

「もらう」문은 받는 사람이 주어에 오는 문이다.

> 父からおこづかいをもらいました。
> 母からメールをもらいました。

2) 수수표현

수수표현은 보조동사로 쓰인 「~てあげる」, 「~てくれる」, 「~てもら う」형으로 행위의 수수를 나타낸다. 「~てあげる」문과 「~てくれる」문 은 행위자가 주어라는 점에서 능동문적 성격을 띠고, 「~てもらう」문 은 행위의 수수자가 주어라는 점에서 수동문적 성격을 띤다.

子供に絵本を<u>読んであげます</u>。
お店の人が道を<u>教えてくれました</u>。
田中さんにあやまちを<u>許してもらいました</u>。

모달리티

1. 명제와 모달리티

문은 객체적인 사태를 나타내는 명제(命題 Proposition)와 발화시 현재의 화자의 심적(心的) 태도를 나타내는 모달리티(Modality)라는 두 중요 요소로 구성되며, 구조적으로 명제를 모달리티가 감싸는 구조로 파악할 수 있다.

명 제	모 달 리 티

예를 들면 「彼が行くだろう。」라는 문의 「彼が行く(コト)」가 명제이고, 「~だろう」는 그 명제에 대한 화자의 심적 태도, 즉 추량을 나타내는 모달리티이다.

일본어 모달리티 표현은 매우 발달되어 있어 체계적인 구조를 가지고 있으며 특히 조동사, 종조사류가 관여하고 있다.

2. 대사적 모달리티와 대인적 모달리티

모달리티는 다시 명제의 내용에 관한 화자의 파악 방식을 나타내는 대사적(対事的) 모달리티와 청자에 대한 화자의 심적태도를 나타내는 대인적(対人的) 모달리티로 나누어진다. 학자에 따라서는 각각 '언표사태(言表事態)지향 모달리티', '발화전달 모달리티'라는 용어를 사용하여 구분하기도 한다. 대사적 모달리티가 명제에 보다 가까운 쪽에 나타나 다음과 같은 구조를 가지고 있다.

명 제	대사적 모달리티 · 대인적 모달리티

彼 が 行 く	だ ろ う · ね

1) 대사적 모달리티

대사적 모달리티는 명제내용의 진위(真偽)에 대한 화자의 파악방식을 나타내는 인식적(認識的) 모달리티와 명제내용을 의무적, 당위적으로 파악하는 화자의 태도를 나타내는 당위적(当為的) 모달리티로 나눌 수 있다.

〈인식적 모달리티〉

彼が行く。	(단정)
彼が行くだろう / 行くと思う。	(추량)
彼が行くようだ / 行くらしい。	(증거에 의거한 추량)
彼が行きそうだ。	(양태)

彼が<u>行くそうだ</u>。 (전문)

彼が<u>行くかもしれない</u> / <u>行くにちがいない</u>。 (개연성)

彼が<u>行くはずだ</u>。 (확신)

だから彼が<u>行くのだ</u>。 (설명)

〈당위적 모달리티〉

約束は<u>守るべきだ</u>。

たばこは<u>やめることだ</u>。

約束は<u>守らなければならない</u>。

2) 대인적 모달리티

커뮤니케이션을 행할 때 청자라는 존재는 중요한 역할을 한다. 모달리티는 화자의 주관을 나타내는 것이므로 청자와의 관계가 문제가 되는데, 특히 청자에 대한 모달리티를 대인적 모달리티라고 한다.

こっちを<u>見ろ</u> / <u>見なさい</u> / <u>見てください</u>。 (명령)

食事に<u>行こう(よ)</u> / <u>行きましょう(か)</u> / <u>行きませんか</u>。 (권유)

あしたは5時に<u>起きよう</u>。 (의지)

天気に<u>なれ</u>。 (원망)

これ、木村さんの傘です<u>ね</u>。 (확인)

どれが木村さんの傘です<u>か</u>。 (질문)

3. 무드와 모달리티

　관련 분야에서 무드(Mood)와 모달리티라는 용어가 함께 사용되고 있으나 엄밀하게는 다음과 같이 구별된다. 모달리티가 문의 서술방식에 대한 화자의 심적태도를 나누어서 표현하는 문 레벨의 기능적·의미적 카테고리인데 반하여, 일반적으로 서법(叙法)으로 대역되는 무드(Mood)는 단어 레벨의 문법적 카테고리라는 점에서 구별된다. 즉 모달리티가 보다 넓은 의미로 확장된 범위의 문법개념인데 반하여 무드는 다음과 같이, 술어의 어형변화(활용)에 의한 기본 서법으로 한정되는 모달리티의 기본체계이다.

〈기본서법의 체계〉

서 술	현 실	スル	シタ
	추 량	スルダロウ	シタダロウ
의 지·권 유		シヨウ	
명 령		シロ(セヨ)	

연 습 문 제

1. 다음 문을 단어로 나누어 제시하세요.

君が行くなら、僕も行く。

2. 「～(よ)う」의 사용례를 들어 동사활용형의 의지형·권유형·추량형의 용법을 설명하세요.

3. 「寒い」가 속성형용사와 감정형용사로 쓰인 예문을 만들어 비교 설명하세요.

4. 기호를 나타내는 형용사 「好きだ/嫌いだ」를 3인칭 주어문에서 사용할 때 인칭제한을 받는지 안 받는지에 대해 설명하고, 또 그 이유에 대해 생각해 봅시다.

5. 외래어계 ナ형용사의 예를 찾아보고 예문을 만들어 보세요.

6. 「とても」가 정도부사와 진술부사로 사용된 예를 들어 그 용법을 설명하세요.

7. 형태격 「ヲ」격이 나타낼 수 있는 의미격에는 어떤 것이 있는지 답하세요.

8. 운동동사와 상태동사의 차이에 관해 시제와 상의 관점에서 설명하세요.

9. 소유자수동문과 간접수동문의 공통점과 차이점을 들어 설명하세요.

10. 「を」사역문과 「に」사역문이 둘 다 성립하는 동사의 예를 들고 두 사역문의 차이점에 관해 설명하세요.

참고문헌

会田貞夫他(2004)『現代日本語の文法』右文書院

庵功雄(2001)『新しい日本語学入門ことばのしくみを考える』スリーエネットワーク

沖森卓也他(2006)『図解日本語』三省堂

沖森卓也編(2010)『日本語概説』朝倉書店

工藤真由美(1995)『アスペクト・テンス体系とテクスト-現代日本語の時間表現-』ひつじ書房

小池清治・赤羽根義章(2002)『文法探求法』朝倉書店

城田俊(1998)『日本語形態論』ひつじ書房(윤상실 역(2003)『일본어문법론Ⅰ, Ⅱ』제이앤씨)

寺村秀夫(1982)『日本語のシンタックスと意味Ⅰ』くろしお出版

寺村秀夫他編(1987)『ケーススタディ日本語文法』桜風社

仁田義雄・益岡隆志編(1989)『日本語のモダリティ』くろしお出版

日本語記述文法研究会(2009)『現代日本語文法』くろしお出版

日本語教育学会編(1982)『日本語教育事典』大修館書店

野田尚史(1991)『はじめての人の日本語文法』くろしお出版

日野資成(2009)『ベーシック 現代の日本語学』ひつじ書房

益岡隆志・田窪行則(1992)『基礎日本語文法-改訂版-』くろしお出版

宮地裕(2010)『日本語と日本語教育のための日本語学入門』明治書院

村木新次郎(1991)『日本語動詞の諸相』ひつじ書房

吉川武時他(1987)『日本語の文法Ⅰ』アルク

山田敏弘(2004)『国語教師が知っておきたい日本語文法』くろしお出版

권승림(2005)『ヴォイス体系における再帰性 -日・韓対照研究-』제이앤씨

권승림(2011)『현대일본어문법』 제이앤씨

윤상실(2004)『現代日本語のモダリティ』 제이앤씨

제6장
언어와 사회

대우법

커뮤니케이션을 할 때 화자는 청자 또는 화제의 인물과의 관계나 자신이 놓여 있는 장면·입장에 따라 존경이나 친밀감 등의 감정을 나타내기 위해 말을 구분하여 사용한다. 화자가 대인관계에 따라 알맞은 말을 골라쓰는 것을 대우법이라 한다. 또한 이러한 언어행동과 관련된 표현을 대우표현이라 한다.

1. 대우표현의 종류

대우표현은 대우 방법에 따라 경어, 보통어, 경비어(軽卑語)로 분류된다. 경어는 플러스적 배려를 나타내고, 보통어는 중립적 배려를 나타낸다. 경비어의 경우는 마이너스적 배려를 나타낸다고 할 수 있다.

1) 경어

화자가 청자나 화제의 인물을 높이거나 치켜세우는 것으로, 존경이나 겸양이라는 경의를 나타내거나, 친밀감이 없는 상대와 거리를 두거나 할 때 사용한다.

2) 보통어

화자와 청자 또는 화제의 인물이 대등할 때 사용되는 말이다. 또래말도 보통어에 속한다.

3) 경비어

화자가 청자나 화제의 인물에 대하여 가볍게 보거나 낮추어 보는 기분을 나타낼 때 사용한다.

2. 대우표현의 장면

상대를 상하(上下) 의식에 의하여 수직적 인간관계로 인식하거나 또는 친소(親疎) 의식에 의하여 수평적 인간관계로 인식함에 따라 대우표현의 선택이 이루어진다. 수직적 인간관계를 선택하는 요인으로는 연령, 경험, 지위 등의 차이가 있고, 또한 상대로부터의 은혜나 이익의 수혜 여부가 상대를 높이는 초점이 된다. 수평적 인간관계의 선택에는 가족, 학교, 회사 등의 사회집단에 같이 소속되어 있는지가 관련되어 있다.

경어

제2절

    경어란 청자를 높이거나 화자를 낮추어 표현함으로써 청자를 대우하는 대우법의 한 종류이다. 경어에는 상대방을 높이는 존경어와 화자 자신을 낮추는 겸양어, 그리고 정중어의 세 가지로 나누어진다. 존경어와 겸양어는 소재경어(素材敬語)이고 정중어는 대자경어(対者敬語)이다. 소재경어는 문에 나타나는 인물을 높이는 것이고 대자경어는 청자를 높이는 경어이다. 경어표현의 유형에는 동사 그 자체가 경어동사인 경우와 동사의 파생형으로 나타내는 방법, 문형을 사용하여 나타내는 방법 등이 있다.

〈존경어와 겸양어〉

		존 경 어	겸 양 어
규칙적	書く 受ける	お書きになる/ 書かれる お受けになる/ 受けられる	お書きする お受けする
불규칙적	言う 行く 来る いる 食べる 見る する 寝る	おっしゃる いらっしゃる いらっしゃる いらっしゃる 召し上がる ご覧になる なさる お休みになる	申し上げる 参る 参る おる いただく 拝見する いたす ―

1. 존경어

존경어(尊敬語)는 「お~になる」나 「(a)れる/られる」로 나타내는데 후자인 「(a)れる/られる」가 상대적으로 가벼운 경의를 나타낸다. 근래에는 이 「(a)れる/られる」형태의 사용빈도가 높아지고 있다는 보고가 있다. 존경어는 동작이나 변화, 상태의 주체를 높이는 기능을 하는데, 이 주체는 통상적으로 주어이고 「ガ격」으로 나타낸다. 「先生には二人のお子さんがおありになる」와 같이 격조사 「二」가 붙은 명사를 높이는 경우도 있다.

2. 겸양어

존경어가 동작이나 상태의 주체를 높이는 것이라고 한다면, 겸양어
(謙讓語)는 주로 화자가 자신을 낮추어 말하는 방법이라고 할 수 있
다. 여기에는 두 종류의 겸양어가 있는데, 우선「社長に書類をお渡し
した」와 같이 동작의 대상을 높이는 겸양어가 있고, 「明日は家におり
ます」와 같이 동작이나 상태의 주체를 낮추는 겸양어가 있다.

3. 정중어

정중어(丁重語)는 청자에 대한 정중함을 나타내는 대자경어이다.
정중어는「명사/형용사 + です/でございます」와「동사 + ます」형으
로 나타낸다.

　このスイカは<u>甘い</u>です。
　こちらが<u>新製品</u>でございます。
　お昼は学食で<u>食べ</u>ます。

위상어

　동일한 말이라도 사용하는 사람, 연령에 따라 또는 소속된 집단이나 사용 장면에 따라 달리 표현되는 경우가 있는데 이렇게 표현된 말과 이를 사용하는 사람이 소속되어 있는 사회와의 관계에 주목하여 언어를 관찰하는 것을 위상론(位相論)이라 한다. 위상어에는 여성어와 남성어, 집단어, 방언 등이 있다. 사회적 계급이나 직업 등 소속된 사회의 차이, 거주하는 지역의 차이, 연령이나 성별의 차이에 따라 언어의 다양성을 설명할 수 있다.

1. 여성어와 남성어

　여성어와 남성어의 차이가 비교적 두드러지게 나타나는 것은 인칭대명사와 감탄사, 종조사이다. 그러나 근래 들어 남녀 간 말의 구별이 없어지는 추세를 보이고 있어 여성어의 대표적인 예인 「わ」의 사용빈도도 낮아지고 있다.

남성어의 인칭대명사로는 「おれ」와 「ぼく」가 있고, 여성어의 인칭 대명사로는 「わたし」, 「あたし」가 사용되고 있다. 호칭어로는 남성어가 「おい」, 여성어로는 「ねえ」가 사용되고 있고, 감탄사로는 남성어가 「おお」, 여성어가 「あら」가 사용되고 있다. 문말 형식으로는 「雨だね」가 남녀 구별 없이 사용되는 반면, 남성어로는 「雨だぞ」, 「雨だぜ」가 쓰이고, 여성어로는 「雨よ」, 「雨ね」 등이 쓰인다.

전체적으로는 남녀 차이가 축소되어가는 흐름에 있으나, 노년층과 청소년층과의 차이와 더불어 여전히 일본어에서 여성어와 남성어의 차이는 존재한다.

2. 집단어

소속된 집단에서 사용되는 전문용어와 은어(隱語), 젊은이 말[若者言葉]을 집단어(集団語)라 한다. 전문용어에는 「オペ(←手術)」, 「ロケハン(←下見 ロケーションハンティング)」 등이 있고, 은어에는 「サツ(←警察)」, 「ヤク(←麻薬)」 등이 있다. 젊은이 말에는 「ウザイ(←鬱陶しい^{うっとう} 등)」, 「マジ(←本当に, 本気で)」 등이 있다.

3. 방언

생활하는 지역의 차이에 따라 그 지역에서 통용되는 말을 방언(方言)이라 하는데, 방언은 음운, 악센트・인토네이션, 어휘, 문법 또는 대우표현 등 다양한 레벨에서 차이를 보인다.

일본어의 방언은 동일본과 서일본의 방언 차이가 두드러지는데 이를 동서 대립형이라 한다. 또한 새로운 말은 물결이 퍼치듯이 중심지에서 주변 지역으로 퍼져 나가기 때문에 옛 형태가 바깥 지역에 남게 된다.

현대에는 매스미디어의 영향으로 방언이 쇠퇴하고 있으나, 전통적인 방언과 공통어의 접촉에 의하여 중간형 방언이 나타나기도 하는데 이를 네오방언이라 한다. 또한 방언이 공통어의 빈 영역을 메꾸어 공통어로 통용되는 사례가 나타나기도 한다. 예를 들어 오사카방언인 「しんどい」, 요코하마 방언인 「~じゃん」이 이에 해당한다.

일본어의
변화

제4절

언어는 그 언어가 사용되는 사회에 속한 구성원에 의해서 운용되고 변화해 간다. 일본어의 경우도 시대적 변화에 따라 그 모습을 바꾸어 가고 있다. 현재 급격한 변화의 과정을 겪고 있는 언어 현상도 몇 가지 관찰되고 있으며, 이와 관련된 논의가 활발히 진행되고 있다. 언어가 변화하는 과정에서는 옛 형태와 새로운 형태가 병존하게 되어 사용상의 혼란 현상이 일어난다. 다음은 현대일본어의 문법적 측면과 경어체계 등에서 관찰되는 언어 혼란 현상이다.

1. 문법형식의 혼란

문법형식의 혼란 현상으로 대표적인 것은 가능문에 있어서의 「ラ抜きことば」현상과 사역문에 있어서의 「サ入れ」현상을 들 수 있다. 「ラ抜きことば」현상이란 1단동사와 불규칙동사 「来る」의 가능형식을 만들 때 「られる」에서 「ら」가 빠진 「れる」형식이 쓰이는 것을 말한다. 이 현상은 일본어의 「(a)れる・られる」형식이 갖는 과중한 책임을 회피하려는 언어현상으로 해석되고 있다. 즉 「(a)れる・られる」형식은 수동, 자발, 가능, 존경의 형식으로 사용되고 있어 그 부담을 덜고자 하는 변화의 양상으로 파악할 수 있다. 더구나 5단동사의 가능형은 이미 「-eる」형으로 정착되어 있어 이와의 갭을 메우려는 변화에 대한 동기도 더해져 있다고 할 수 있다.

「ラ抜きことば」의 사용은 관동지방에 있어서는 다이쇼(大正 1912-1926) 시대부터 시작되었는데, 이러한 경향은 국가의 교육방침 하에 억제되어 왔다. 1970년에 조사된 동경도내 초등학생 1,539명을 대상으로 「れる」와 「られる」의 사용에 관하여 조사한 결과 다음과 같이 나타났다.

〈가능동사의 사용률〉

見られる — 64.5%	来られない — 41.7%
見れる — 9.5%	来れない — 10.2%
両方 — 24.1%	両方 — 47.5%

「国語に関する世論調査」(2000)

「ラ抜きことば」가 사용되기 시작한 초창기에는 젊은 세대의 오용사례로 취급되었으나, 사용빈도는 점차 높아져 회화체에서는 거의 모든 동사에서 「れる」형 가능동사가 만들어지고 있으며 사용하는 세대 폭도 넓어지고 있는 실정이다. 이 현상의 영향을 받아 5단동사 「行く」의 가능형은 「行ける」로 정착되어 있는데도 불구하고 「行けれる」형을 사용하는 이를테면 「レ入れ」현상까지 보이고 있어, 가능형식의 변화가

정착되기까지는 시간이 걸릴 것으로 전망된다.

　문법형식의 혼란 현상으로 들 수 있는 또 하나의 예는 「サ入れこ
とば」현상이다. 일본어의 사역형은 5단동사의 경우 어간에 「-(a)せる」
를 접속하여 만들고, 1단동사의 경우 어간에 「させる」를 접속하여 만
든다. 그런데 다음과 같이 5단동사 사역형에 「さ」를 넣는 오용이 발
생하고 있다.

　　　読む → よませる … → よまさせる
　　　行く → いかせる … → いかさせる

　5단동사 사역형 활용에 있어서의 혼란의 원인으로 「~させていただ
く」문의 과도한 사용이 지적되기도 한다. 즉 「~させていただく」문을
하나의 고정화된 표현으로 수용하는 과정에서 동사의 활용형에 상관
없이 모두 「~させていただく」형 안에 넣으려는 현상으로 해석된다.
그러나 현 단계에서 「サ入れことば」현상이 「~させていただく」문 안
에서만 일어나는 현상이라고 단언할 수는 없다. 또한 「ラ抜きことば」
현상과 같이 시간적으로 경과되지 않은 초기 단계의 혼란 현상으로
파악되어 어떠한 방향으로 전개될지 현 단계에서는 가늠하기 어렵다.

2. 발음상의 혼란

　일본어의 음성적 특징 중의 하나로 고저(高低) 악센트를 들 수 있
다. 동일한 음(音)의 연속체라도 악센트 형이 다르면 의미가 달라진
다. 즉 악센트가 의미 변별의 요소로 기능하고 있는 것이다. 그런데

근래 들어 일본어 공통어의 명사 악센트가 평판화(平板化)하는 현상
이 일어나고 있다.

彼氏　 : かれし → かれし
クラブ : クラブ → クラブ

「かれし」와 「クラブ」는 모두 두고형(頭高形) 악센트 타입의 단어인데
악센트의 핵이 없는 평판형(平板型)으로 바뀌어, 약간 낮게 시작하여 2
음절에서 올라가 그 높이가 유지되는 악센트 타입을 나타내게 된다.
　악센트 평판화 현상은 고령층에서 고등학생까지 2세대 간에 걸쳐
일어나고 있으며, 동경 중심부에서 주변부로 급속히 확장되고 있는
현상으로 파악되고 있다. 또한 평판형 악센트의 허용도가 높은 외래
어의 경우 평판화가 한층 더 급속히 진행될 것으로 예측된다.

3. 경어체계의 혼란

　일본어는 대화 상대와의 관계에 민감하여 사회적 가치관인 「うち」
와 「そと」의 구별에 의하여 경어를 선택적으로 사용하는 상대경어
체계를 갖는 언어이다. 경어는 크게 존경어와 겸양어로 나뉘고, 각각
존경과 겸양을 나타내기 위한 특별한 형식을 갖추고 있어 매우 복잡
한 경어체계를 갖고 있다고 할 수 있다. 젊은 층일수록 경어를 간략
하게 사용하거나, 잘못된 경어를 사용하는 경향이 있다. 경어 사용의
간소화는 사회가 민주화, 대중화됨으로써 인간관계도 수직적 관계에
서 수평적 관계로 변화되었기 때문인 것으로 분석할 수 있다.

경어 사용에 있어서의 대표적인 오용으로는 다음과 같은 사례가 언급되고 있다.

1) 파격형식

① 존경어의 파격형식

경어표현 형식 중 하나인 「お気をつけください」가 「お気をつけてください」로 잘못 쓰이는 일이 있다. 또한 「安心してお使いください」를 「ご安心してお使いください」로 표현하는 등 불필요한 접두사 「お・ご」의 사용도 눈에 띈다.

② 겸양어의 파격형식

겸양어인 「申す」의 오용례로 「お客様が申されました」와 같은 표현과 「おる」의 오용례로 「先生はどちらにおられますか。」와 같은 표현이 사용되는 경우가 있다. 이것은 겸양어를 존경어형으로 잘못 파생시킨 표현이 된다.

2) 겸양어를 존경표현으로 사용

겸양어 「いたす, いただく, 伺う」등을 존경어로 잘못 사용하는 예도 증가하고 이를 수용하는 경향도 보이고 있다.

どうかしましたか。　　　　→ どうかいたしましたか。
どうぞめしあがってください。→ どうぞいただいてください。
受付でお聞きください。　　　→ 受付で伺ってください。

3) 연체수식 속의 ます형

명사에 붙는 접두사 이외의 경어형식은 문말에 한 번 사용하는 것이 원칙인데, 구어체의 경우 명사를 수식하는 연체형식으로 정중형인 ます형을 사용하는 경우가 있다.

こちらにある模型がそれです。

→ こちらにあります模型がそれです。

2番レーンを走るあの選手が橋本です。

→ 2番レーンを走りますあの選手が橋本です。

이외에도 「皇太子様がお見えになられました。」와 같은 이중(二重) 경어 형식을 사용하는 등 경어와 관련된 오용 내지는 혼란 현상이 현대 일본어에서 일어나고 있고 이에 대한 조사와 분석이 활발히 진행되고 있다.

관련
연구분야

제5절

1. 일본어교육

일본어가 세계 속에서 그 위상을 높여감에 따라 일본어교육이 주목을 받고 있으며 이에 따라 교육방법에 관한 연구가 활기를 띠고 있다. 일본어교육은 당초에는 재외 일본인의 일본어교육에서 시작되었으나, 현재는 외국인을 위한 일본어교육이 그 비중을 더해가고 있는 실정이다.

일본어교육에서 강조되어 온 것은 교수법과 평가법이다. 교수법은 서양 이론의 도입에 의하여 실천되고 있으며 커리큘럼이나 교재 개발에 응용되고 있다. 단계별로 이에 대응하는 지도법이 개발되고 학습 대상별 또는 학습자의 배경 언어별 지도법도 제시되고 있다. 이러한 어프로치로 모어간섭(母語干涉)에 의한 오용에 대한 언어별 지도나 연구도 진행되고 있다.

일본어교육의 흐름은 규범적인 일본어를 가르치는 시대에서 이문화(異文化)·다문화(多文化) 등의 공생을 도모하기 위한 일본어를 생각하는 시대로 변화되고 있다. 따라서 일본어 학습은 이질적인 사회와 문화와의 접촉이자 체험이기도 하기 때문에 다양한 배경을 갖는 학습자의 정서적 측면에도 배려해 나가고자 하는 방향성이 제시되고 있다.

2. 사회언어학

사회언어학(社会言語学 Sociolinguistics)은 1950년대 후반부터 미국에서 시작되었으며 60년대에 이르러 그 명칭이 널리 퍼지게 되었다. 그 후 일본에 도입되어 방언연구에 지대한 영향을 미쳤다. 사회언어학에서 다루는 분야는 다음과 같다.

· 연령차, 성차(性差)와 언어 변종의 문제를 다루는 분야
· 언어행동, 즉 장면에 따른 언어운용, 경어의 운용, 커뮤니케이션 행동을 다루는 분야
· 언어접촉, 즉 방언과 공통어, 외래어, 이중 언어 사용에 관한 문제를 다루는 분야
· 언어변화와 언어습득을 다루는 분야
· 언어계획, 즉 국어국자개혁과 일본어교육 분야

일본에서의 사회언어학은 종래에는 방언연구가 주류를 이루었으나 근래에 이르러 다양한 분야의 연구가 활발히 진행되고 있다. 특히 일본어교육 분야와의 연계적 성격을 지니는 커뮤니케이션론 연구가 활발히 진행되고 있다.

언어연구의
흐름

제6절

인류 최초의 문법은 파니니(Pānini BC5-BC4세기)가 쓴 인도의 고어 산스크리트어(Sanskrit)의 문법이다. 중세에는 라틴어 문법의 연구가 이어졌으며, 19세기에 이르러서는 그 밖의 언어 연구도 활발히 진행되었다. 이 시기에는 주로 역사·비교언어학이 주류를 이루었다. 19세기의 역사·비교언어학 시대를 거쳐 20세기에 들어서 소쉬르(F. de Saussure 1857-1913)에 의해 현대 언어학의 시대가 열렸다고 할 수 있다. 20세기 전반은 구조언어학의 시대, 후반은 변형생성문법의 시대라고 할 수 있다.

이하에서는 현대일본어학 연구에 있어서의 연구방법론과 연구의 흐름에 관하여 간단히 기술하겠다.

1. 기술언어학

언어는 본래 시간과 함께 변화해 가는 것이지만 기술언어학(記述言

語学)은 한 시기를 한정하여 언어의 구조, 체계를 밝히고자 하는 언어학의 한 분야를 가리킨다. 공시언어학과 동일한 개념으로 구조언어학(構造言語学)이라고도 한다. 소위 규범문법이 아닌 실제 언어사실에 입각하여 언어를 분석하고자 하는 연구 방법을 말한다.

2. 변형생성문법

미국의 구조주의 언어학은 촘스키(N. Chomsky 1928-)에 의해서 변형생성문법(変形生成文法 Transformational-Generative Grammar)으로 방향전환을 맞이하게 된다. 변형생성문법은 언어의 내면적인 형성과정의 규칙이 언어연구의 중심이 되어야 한다고 주장한다. 1957년 촘스키는『통사구조(Syntactic structures)』라는 책을 출간하고, 실제 언어활동을 지배하는 기저의 원리를 찾아 자연언어의 현상을 설명하는 이론을 내놓았다. 이후 1981년『지배와 결속에 관한 강의(Lectures on government and binding)』의 출판을 계기로 대폭적인 수정을 거쳐 지배와 결속이론(GB이론)이 널리 통용되기에 이른다.

영어학 분야에서의 어프로치를 필두로 일본어학 분야에서도 GB이론에 입각한 연구가 활발히 진행되어 현재에 이르고 있다.

3. 인지언어학

인지언어학(認知言語学 Cognitive Linguistics)은 인간 마음의 본질, 더 나아가 인간의 본질을 규명하기 위한 학제적(学際的) 연구의 일환으

로써 언어를 아는 것이 무엇을 뜻하며 언어가 어떻게 습득되고 사용
되는가를 인지적으로 타당성 있게 설명하는 데에 그 목적을 둔다.

인지언어학은 현대 인지과학의 인간 범주화 및 게슈탈트 심리학으
로부터 출발한다. 기존 언어 연구의 형식적 접근법이 지닌 한계, 즉
언어 이론의 지나친 추상화 및 일상적 경험과의 괴리에 대한 반성과
대안으로 발생하였다.

탈미(L. Talmy)에 의하여 미국 캘리포니아 대학에서 그 움직임이 시
작되었을 때는 유약하고 모호한 이단적 이론이라 여겨져 주류 언어
학에 수용되지 못했다. 그러나 1980년대 이후 레이코프(G. Lakoff), 라
네커(R. Langacker)와 같은 학자들이 제시한 강력한 언어학적 개념들
을 결합해서 1989년 국제인지언어학회가 창설되고, 1990년에 학회지
『Cognitive Linguistics』가 출간되면서 하나의 학문으로 자리매김하게
되었다. 인지언어학은 언어가 인간의 일상 체험에 근거를 두고 있으며,
이 분야에서는 언어와 사고의 관계가 중요한 연구 과제로 대두된다.

일본어에 관해서도 이케가미 요시히코(池上嘉彦), 가와카미 세이사
쿠(河上誓作), 나카우 미노루(中右実) 등의 연구자에 의하여 인지언어
학적 연구가 진행되고 있다. 이러한 인지언어학적 연구는 GB이론의
한계를 극복하고자 하는 입장으로 최신 언어연구의 한 흐름이라고
할 수 있다.

4. 대조언어학

대조언어학(対照言語学 Contrastive Linguistics)은 언어와 언어의 비
교·분석을 통하여 각각의 언어의 특성과 본질을 밝히고자 하는 언

어학의 한 분야이다. 비교언어학(比較言語学 Comparative Linguistics)은 같은 어족에 속하는 언어 간, 즉 역사적으로 관련성이 있는 언어 간의 비교연구를 하는 것인 반면, 일본어와 영어와 같이 역사적인 관련성이나 영향 관계가 없는 언어 간의 대조연구를 대조언어학이라고 한다.

대조언어학은 외국어교육이나 자국어를 외국인에게 교육하는 교육의 장에서 일어나는 문제를 기반으로 하고 있어, 그 연구 결과도 외국어 교육에 활용되고 있으며 번역의 질적 향상을 위하여 활용되기도 한다. 기계번역이라는 최신의 분야에 대한 공헌 또한 크다고 할 수 있다.

연 습 문 제

1. 대우표현에 대해 설명하고 그 종류를 열거하세요.

2. 경어 사용상의 오용사례를 들고 경어법에 맞게 고쳐 보세요.

3. 경어의 종류를 들고 간단히 설명하세요.

4. 사회언어학이 무엇이며 사회언어학에서 다루어지는 분야에는 어떤 것이 있는지 설명하세요.

5. 현대일본어학 연구의 흐름에 관하여 간단히 설명하세요.

참고문헌

天野みどり(2008)『学びのエクササイズ日本語文法』ひつじ書房

沖森卓也他(2006)『図解日本語』三省堂

沖森卓也編(2010)『日本語概説』朝倉書店

河上誓作(1996)『認知言語学の基礎』研究社出版

儀利古幹雄(2011)「東京方言におけるアクセントの平板化-外来語複合名詞
　　　　　　　　　アクセントの記述-」『国立国語研究所論集1』vol. 1-19

定延利之(1999)『よくわかる言語学』アルク

田中春美(1994)『入門ことばの科学』大修館書店

中右実(1994)『認知意味論の原理』大修館書店

日本語記述文法研究会編(2009)『現代日本語文法7』くろしお出版

日野資成(2009)『ベーシック 現代の日本語学』ひつじ書房

宮地裕(2010)『日本語と日本語教育のための日本語学入門』明治書院

山田敏弘(2004)『国語教師が知っておきたい日本語文法』くろしお出版

제7장
문체

문체

문체(文体)란 문장 표현의 스타일(style)이라고 정의할 수 있으며, 문체를 파악하는 입장은 학자에 따라 대단히 다양하다. 대표적으로 언어학자 도키에다 모토키(時枝誠記 1900-1967)는 '문체의 개념은 문장에 대한 유형인식의 소산이다'라고 지적한 후, '문체는 단지 음운, 어휘, 어법으로 성립하는 것이 아니라 표현주체가 소재나 제재를 어떻게 파악하고, 어떠한 태도로 표현하는가, 또 표현의 장면을 어떻게 의식하고, 그것에 의해 표현을 어떻게 조정하는가에 따라 몇 가지 유형이 존재한다'고 하였다.

문 구성상의 일반적인 규범을 문법이라고 하며, 이러한 문법을 벗어나서는 한 언어에 의한 바른 문장표현은 불가능하다. 따라서 한 언어의 공시태(共時態)에서의 문법, 예를 들면 현대일본어 문법은 현대일본어를 사용하는 사람 모두를 구속한다. 그런 의미에서 문법은 개인이 자유롭게 바꿀 수 있는 것이 아니다. 이에 비해 문체는 구체적인 문장의 스타일을 가리키는 것으로 개인에 의해서도, 작품에 의해서도 다르게 실현될 수 있다.

기본적으로 문체는 선택의 자유가 있지만 시대나 장르에 의해 자연스럽게 유형적으로 제약을 받는다. 표현주체 개인의 개성은 그 내부에서 발휘되는 것이다. 이렇게 볼 때 문체 연구는 크게 유형적(類型的)인 측면에 중점을 둔 연구와 개성적인 면에 중점을 둔 연구로 나눌 수 있는데, 일본어학의 한 영역으로서의 문체 연구는 전자에 중점을 둔다.

문체는 관점에 따라 다음과 같이 다양하게 분류될 수 있다.

〈문체의 분류 예〉

文末形式		語法	用字	語彙・語法		用途	文末形式
			漢字専用文	漢文体 (含・日本漢文)		宣命体	
						記録体 (東鑑体)	
ダ体	常体	言語一致体	漢字仮名混用文	漢文訓読体	欧文直訳体	書簡体	候文体
					美文		
デアル体				和漢混淆文	普通文		
					俗文体		
デス体	敬体			和文体	雅俗折衷体		
					雅文体		
デアリマス体			仮名専用文		擬古文体		
			ローマ字文	文語体			
口語体							

沖森卓也他(2006)『図解日本語』三省堂 p.140

유형적
문체의 종류

제2절

일본인들이 문장을 기록하기 시작한 이래 여러 가지 문체가 형성, 발전되어 왔다. 문체의 변천사는 서기(書記) 일본어의 변천이라는 측면에서 대단히 중요한 의미를 지닌다.

1. 한문과 헨타이칸분

일본어에서의 문장 발달은 중국에서 전래된 한자를 구사하여 일본어를 어떻게 표기할 것인가를 궁리하는 것에서 시작되었다. 나라(奈良) 시대(710-794)에는 『니혼쇼키(日本書紀)』(720년 성립)나 『가이후소(懷風藻)』(751년 이전 성립)와 같이 순수한 한문으로 기록된 서책이 있었으나, 『고지키(古事記)』(712년 이전 성립)나 『후도키(風土記)』(나라시대 여러 지역에서 간행) 등의 문장에는 정식 한문을 따르면서도 실용적인 필요에 따라 어순이나 경어적인 표현 등에서 일본어적인 요소가 가미되었다. 이렇게 한문으로 쓰여져 있으나 경어 표현이나 어휘, 어순 등의 측면에서 일본어 요소가 발견되는 문장을 와카칸분(和化漢

文)·헨타이칸분(変体漢文)이라고 부르고, 문서와 같은 기록물에서 일반적으로 사용되었으므로 기로쿠타이(記録体)라고도 부른다.

2. 센묘타이

가나 성립 이전에 일본어 어순에 따라 한자로 표기하면서 체언이나 부사, 접속사, 연체사, 용언의 어간은 훈으로 읽은 한자로 크게 쓰고, 용언의 활용어미, 조동사, 조사 등은 만요가나로 작게 오른쪽 하단에 쓰는 형식의 문장이 탄생하였다. 이러한 표기법을 센묘가키(宣命書)라고 하고, 문체로서는 센묘타이(宣命体)라고 한다. 『쇼쿠니혼기(続日本紀)』(797년 성립)에 수록된 「宣命」62조가 전형적인 예이며, 노리토(祝詞)에도 사용되었다. 만요가나 부분을 히라가나로 크게 쓰면 후세의 한자히라가나혼용문과 유사하다.

3. 와분타이

만요가나를 흘려 쓴 소가나(草仮名)를 거쳐 헤이안(平安) 시대(794-1192)에는 히라가나가 성립되었다. 여성을 포함한 일부 세계에서는 거의 히라가나만으로 와카(和歌)나 쇼소쿠(消息)가 쓰여지게 되었는데, 이것을 가나분(仮名文), 또는 와분타이(和文体)라고 한다.

헤이안 시대에는 이 문체에 따라 『고킨와카슈(古今和歌集)』(905년 이전 성립), 『도사닛키(土佐日記)』(935년)를 필두로 많은 문학 작품이 쓰여졌다. 그러나 히라가나 전용에 가깝게 표기되었다고 하는 관점에서 와분타이라고 정의하더라도, 구체적으로 사용된 어휘나 문장 구성을 살펴보면 간분쿤도쿠타이(漢文訓読体)에서 사용되는 한문훈독어(漢文訓読語)를 다용하거나, 표현이나 발상면에서 한문 표현이 발견되는 작품도 적지 않다.

4. 간분쿤도쿠타이

헤이안 시대에 만요가나의 자획을 생략한 가타카나가 성립한다. 가타카나는 본래 한문훈독(漢文訓読)의 과정에서 생겨났다. 한문훈독이란 한문 문헌에 어순지시부호나 독법을 지시하기 위해 가나를 기입하는 등의 군텐(訓点)을 기입하여 일본어로 읽도록 한 것으로, 처음에는 만요가나를 사용하다가 점차 간략화를 꾀하여 가타카나를 탄생시킨 것이다. 한문훈독의 결과물로서 간분쿤도쿠타이(漢文訓読体)가 성립하였고, 표기면에서 한자와 가타카나가 결합하게 되었다. 이는 설화문학 등에서 한자가타카나혼용문이라는 형태로 나타났다. 한문훈독은 학문 세계 및 공문서 등의 문어문에 큰 영향을 주었다.

5. 와칸콘코분

중세가 되면 군키모노가타리(軍記物語)가 성행하는데, 이 장르를 중심으로 일본 고유어나 한어를 자유롭게 구사하면서 와분타이와 간분쿤도쿠타이의 장점을 결합시켜 대조적이면서도 융합적인 문체가 탄생되었다. 이것을 와칸콘코분(和漢混淆文) 혹은 와칸콘코타이(和漢混淆体)라고 한다. 이 문체가 중세 이후 메이지(明治) 시대(1868-1912) 중기까지 일본어 문체의 주류를 이루었다고 할 수 있다. 표기상으로는 무로마치(室町) 시대(1333-1603) 이후 한자히라가나혼용문이 점차로 많아졌으나 제2차 세계대전 이후의 국어개혁까지 일반 문서류에는 한자가타카나혼용문이 주류를 이루었다.

6. 문어체·구어체

문장을 적을 때 사용되는 문장어(文章語)는 과거의 문화를 후세에 전하는 문헌에 의해 학습되므로, 자연스럽게 그 이전 시대의 언어체계를 잔존시키게 된다. 이에 비해 발화하는 순간에 사라져버리는 구두어(口頭語)는 시대와 더불어 변화하기 쉽다. 헤이안 시대 중기 와분타이의 용어는 히라가나에 의한 표기를 중심으로 하는 문체가 막 성립한 시기의 것이었으므로 상대적으로 구두어에 가까웠을 것이다. 그러나 같은 시기의 것이라도 간분쿤도쿠타이의 용어는 보다 문장어적이었다.

구두어와 문장어의 격차는 헤이안 시대 말기부터 이미 벌어지기 시작했다. 중세에 형성된 와칸콘코분도 그러한 문장어의 문체를 기초로 한 것이므로 문장어는 일반적으로 헤이안 시대 이후의 용어의 전통을 중시하여 점차 고어를 중심으로 하게 되었다. 이러한 헤이안 시대 이후의 전통에 기초를 둔 문장어의 문체를 헤이안 시대의 여러 문체와 함께 문어체(文語体)라고 한다. 그에 비해 중세 이후의 구두어의 문체를 구어체(口語体)라고 부를 수 있다.

가마쿠라(鎌倉) 시대(1192-1333)에는 구어체 문장은 거의 보이지 않지만, 무로마치 시대가 되면 쿄겐(狂言)의 대사나 쇼모노(抄物)에서

구어체 문장을 볼 수 있고 『아마쿠사반헤이케모노가타리(天草版平家物語)』(1592년)와 같은 크리스찬자료[キリシタン資料]의 구어역에서도 구어체를 발견할 수 있다.

　문어체의 문장도 시대가 흐름에 따라 각 시대의 구어(口語)의 영향을 받아 나름대로의 변용이 일어나게 된다.

7. 언문일치운동

　메이지 시대 초기에는 문장어와 구두어의 일치를 꾀하는 언문일치운동(言文一致運動)이 일어난다. 문장어와 구두어를 일치시키기 위해서는 우선 구어를 정비할 필요가 있었다. 공통어적인 구어는 이미 에도(江戸) 시대(1603-1868)에 형성되고 있었고, 메이지 시대에 들어와서 더욱 진보했다. 공통어적인 구어는 공적인 장에서 형성되었는데, 연설도 그 중 하나이다. 후쿠자와 유키치(福沢諭吉 1835-1901)도 연설의 진흥에 힘을 쏟았다. 연설은 민권운동과 함께 활발히 진행되었고, 연설의 속기록도 간행되었다. 발화된 언어가 문자화됨에 따라 구어를 토대로 한 문장이 어떤 것인지 명확해졌다고 할 수 있다. 속기는 다쿠사리 코키(田鎖綱紀 1854-1938)에 의해 일본에 도입되어 1882년에 제1회 강습회가 개최되었다. 연설의 속기록은 언문일치운동의 진전에 기여한 바가 대단히 크다. 언문일치를 꾀한 소설가들이 등장하여, 후타바테이 시메이(二葉亭四迷 1864-1909)는 『우키구모(浮雲)』(1887년)를, 야마다 비묘(山田美妙 1868-1910)는 『무사시노(武蔵野)』(1887년), 『고쵸(胡蝶)』(1889년)라는 언문일치체 소설을 발표했다. 『浮雲』에서는 「だ」로, 『胡蝶』에서는 「です」로 문말을 종지하고 있다.

연 습 문 제

1. 문체의 정의에 대해 생각해봅시다.

2. 글쓰기에 있어서 문체와 문법이 어떻게 다른지 생각해봅시다.

3. 일본어 문체의 변천을 문자와 연관지어 설명해봅시다.

4. 한문에 바탕을 둔 일본어 문체에는 어떤 것이 있는지 알아봅시다.

5. 구어체와 문어체의 특징과 차이에 대해 생각해봅시다.

참고문헌

大野進編(1977)『岩波講座 日本語10 文体』岩波書店

沖森卓也(2003)『日本語の誕生 古代の文学と表記』吉川弘文館

沖森卓也他(2006)『図解日本語』三省堂

石井久雄他(2002)『日本語の文字と表記-研究会報告論集-』国立国語研
　　　　　　　究所

阪倉篤義他編(1971)『講座国語史6 文体史・言語生活史』大修館書店

時枝誠記(1960)『文章研究序説』山田書院

中村明(1993)『日本語の文体』岩波書店

前田富棋・野村雅昭(2003-2006)『朝倉漢字講座1-5』朝倉書店

森岡健二他編(1982)『講座日本語学7 文体史Ⅰ』明治書院

森岡健二他編(1982)『講座日本語学8 文体史Ⅱ』明治書院

山口仲美編(1979)『講座日本語研究8 文章・文体』有精堂出版

한미경・권경애・오미영(2006)『일본어의 역사』제이앤씨

【저자 약력】

▌윤상실 尹相實

명지대학교 일어일문학과 교수
한국외국어대학교 일본어과 졸업
한국외국어대학교 일어일문학과 석사과정 졸업
일본 北海道大学 문학연구과 석박사과정 졸업
문학박사 (일본어학전공)
저서『現代日本語のモダリティ』
　　　『한일 연어 대조연구 - 자료와 분석』
　　　『일본어 연어 연구 - 구조와 체계』

▌권승림 權勝林

숭실대학교 일어일문학과 교수
한국외국어대학교 일본어과 졸업
일본 大阪大学 언어문화연구과 석박사과정 졸업
언어문화학박사 (언어학전공)
저서『재귀성과 보이스체계 - 日・韓対照研究』
　　　『일본어 사역문 연구』
　　　『현대일본어문법』

▌오미영 吳美寧

숭실대학교 일어일문학과 교수
이화여자대학교 경영학과 졸업
한국외국어대학교 일어일문학과 석사과정 졸업
일본 北海道大学 문학연구과 박사과정 졸업
문학박사 (일본어학전공)
저서『日本論語訓読史研究 上・下』
　　　『韓日 初期飜譯聖書의 어학적 연구』
　　　『일본 천자문 훈점본의 해독과 번역
　　　　- 동경대학 국어연구실 소장『주천자문』을 대상으로 -』